슈프랑거

천부적인 교사

천부적인 교사

초판 인쇄   1976년 04월 12일
개정판 발행 2019년 08월 15일

지은이 E. 슈프랑거
엮은이 김재만
펴낸이 김진남
펴낸곳 배영사

등 록 제2017-000003호
주 소 경기도 고양시 일산서구 구산동 1-1
전 화 031-924-0479
팩 스 031-921-0442
이메일 baeyoungsa3467@naver.com

ISBN   979-11-89948-01-6 (93370)
잘못 만들어진 책은 바꾸어 드립니다.

정가 9,000원

슈프랑거

천부적인 교사

Eduard Spranger 저

김재만 역

배영사

역자 서문

현대 사회의 특징을 지적하여 혁명(革命)의 시대라 규정하고 그 혁명은 세 가지 측면에서 보다 성공적으로 수행되고 있다고 에드가 포르는 지적한 바 있다. 즉 그 세 가지 측면이란 산업혁명 이래 다소 침체되어 있던 에너지 혁명이 그 첫째요 다음은 매스컴혁명이요 마지막이 컴퓨터 혁명의 그것이라고 한다. 여기에 대한 시비나 사족(蛇足)은 달지 않기로 하고 우선 이런 혁명의 시대에는 유달리 교육학도에게 더 큰 과제를 안겨 주는 것 같다. 그 혁명들이 가져다주는 부산물은 바로 교육적 과제이기 때문이다. 말하자면 혁명의 거센 물결을 거역할 수 없는 것은 말할 것도 없고 그 물결 속에서 그 물결을 조정할 힘을 교육에서 얻어야 한다는 지상 명령이 있기 때문이다. 좁게는 지식산업의 다원화에 대처할 현장 교육적 과제가 우리의 신변 가까이에 절감되어 오는 것도 결코 내가 교육학도이기 때문에 그런 것만도 아니리라. 더구나 교육에 관한 것을 직업으로 삼고 있는 자에겐 오늘의 문화량의 증대 현상에 대하여 무감각하게 있을 수만은 없는 것이다.

혁명의 시대를 여기서는 다시 지식의 폭발시대라고 말을 할 수도 있다. 사서오경이나 읽고 성리학으로 학문의 성(城)을 구축하던 시대는 오늘의 시대와는 달랐다. 한 사람의 학자가 되는 데 수백 권, 수천 권, 수만 권의 책이 필요했던 것이다. 또한 완성된 학문이란 있을 수 없기에, 나라마다 지역마다 나날이 쏟아져 나오는 새로운 정보, 지식, 서적은 한편 우리의 생활을 더욱 복되게 해 주지만 교육적으로는 부담이 아닐 수 없다. 학자는 이런 것을 생각하게 되는 것이다. 어떻게 하면 그 많은 지식들을 보다 쉽게, 요령 있게 가르칠 수 없을까? 이 어려운 기술과 지식을 더 쉽게 배울 수는 없을까? 이 많은 책들 가운데 무엇을 읽어야 할 것인가? 다 읽어야 할 것인가? 정말 내가 가르치는 직업을 택했다고 하는 것이 새삼 후회스러울 때도 있다. 이러한 물음에 자신 있게 대답을 주지 못할 때는 더욱 더하다. 내가 읽었던 많은 책들 가운데 꼭 물려주고 싶은 책을 100권 만 고르라든가, 10권만 고르라고 했을 때 그 리스트에 오르는 책을 틀림없이 그 책이 나에게 크게 영 향을 준 것이고, 또 만약 그 리스트의 책이 다른 사람의 것 과 많이 중복된나년 그것은 소위 망각이란 대열에 끼게 된 다. 여기 내놓게 되는 『천부적인 교사』는 틀림없이 더 많 은 사람이 골라잡을 명작이요, 그러기에 나에게 주는 이 책의 의미는 별난 것이 있었다.

　당시 나는 듀이의 교육학에 심취하고 있었고 듀이에 대 한 상당히 큰 논문도 계획 중이었는데 그 당시 내가 속하 고 있는 (교육철학 연구실) 주위에는 모두가 독일계 학문에 몰두하고 있었다. 예컨대 페스탈로치, 프뢰벨, 베버, 야스 퍼스, 슈프랑거, 헤르바르트 등등이었고 미국계의 전공은 전무한 터였으며, 그런 점에서 듀이에게 관심을 가지고 있 는 나로서는 홍일점이라고나 할까? 여하한 그러한 학문적 인 분위기 속에서 나는 오히려 이색적으로 인기 있는 연구 과제로 화제에 오르기도 했지만, 그보다 중요한 것은 그러 한 분위기로 해서 나의 듀이 연구가 좀 더 신중을 기할 수 있었다고 하는 점이요, 그 증거의 하나가 바로 내가 슈프랑거의 이 『천부적인 교사』에 대한 매료라고 하겠다. 듀이의 교육학은 슈프랑거를 읽고 하라는 지도 교수의 권유로 이 책을 읽었는데, 처음부터 이 책의 내용은 나에게 너무도 인상적이었다.

"세상에 위대한 일 치고 정열 없이 성취된 것이라곤 아무 것도 없다."는 헤겔의 첫 구절 인용부터가 내 마음을 꽉 잡았던 것이다. '천부적인 장군과 마찬가지로 천부적인 교사는 없다.'고 하면서, 그는 끝까지 이 천부적인 교사를 주장하고 있는 것도 이 책을 읽어 보지 않고는 도저히 설명할 수 없는 것이다. 본래 슈프랑거의 문장이나 의미가 깊고 수려하기까지 한 것은 20세기 초부터 정평이 나 있는 것이요, 이미 그의 중년시절 유럽 정신계의 지도자로서 확고한 지위를 가진 것은 잘 알려진 사실이다. 소위 문화 철학자로서 분석 철학파의 딜타이를 견제하는 입장에 있는 슈프랑거는 교육학적으로는 페스탈로치를 모범으로 삼고, 소크라테스와 플라톤을 교육학적 원류로 계승하고 있다.

교사의 가장 기본적인 역할을 '지렛대'에 비유하고, 인간의 영혼을 움직일 이 지렛대를 어디다 댈 것인가? 에 대하여 신중하게 논술을 펴 나간다. 근본적으로 교사는 학생의 영혼을 움직여야 한다. 그리고 영혼을 일깨워야 한다. '영혼의 각성'이야말로 교육의 모형이다. 여기에서 소크라테스의 조산(助産)은 진정한 교육적 의미를 갖게 된다. '마음의 정기'를 어떻게 조정할 것인가? 하고 슈프랑거는 묻는다. 그 조정기는 외부에 있는 것이 아니나, 외부에 의해서 조정될 수 있어야 한다고 믿는다.

교재의 가치는 그것이 학생의 영혼을 움직이는 수준에서만 평가될 수 있다는 슈프랑거의 교재관은 정말 듀이적인 사고로는 접근되기 어려운 데가 있다. 마지막에 상론되어 있는 '교육애'는 정말 이 책의 클라이맥스다. 육신의 사랑으로부터 정신화되는 사랑, 영혼의 결합으로 지향하는 사랑의 진보, 그것은 정말 교육서라기보다는 차라리 만인의 경전이라고 할 만하다.

누구라도 이 책을 읽는 사람이라면 교육적인 분발을 새로이 하게 될 것이다. 이 책의 내용이 분발하도록 잘 정리되어 있는 것이다.

현대의 혼돈된 문화적 갈등이 혁명적 발전과 더불어 더욱 부채질하는 가운데서 '이것만이' 권하고 싶은 책이라고 할 만큼 핵심 되는 책이 있을까마는, 적어도 그 핵심 이전

에 이 『천부적인 교사』는 모든 사람의 마음의 양식이 될
것을 확신하면서 무리를 무릅쓰고 여기 옮겨 본 것이다.

만약 이 책의 내용이 잘못 전달된 곳이 있다면 그것은
역자의 무능에 기인하는 것이며, 이 책의 내용에서 부족
을 느낀다면 오로지 역자의 부족에 연유하는 것임을 밝혀
둔다.

이 책의 내용은 가급적 원문에 충실하였다.

역자 김재만

머리말

    이 책의 표제에 대하여 의심을 품을 사람이 있을지 모른다. 그러나 그 의문은 이 책의 본문을 읽어 내려감으로써 풀려질 것이다. 나는 독일의 학교생활이 확실히 무미건조하게 되어 가는 풍토적 변화가 나타나고 있음을 인정하게 된다. 이 무미건조한 사태가 너무 과도하지 않나 하는 마음에서 2년 전에 나는 『초등학교의 고육정신』이란 조그만 책자를 펴낸 적이 있다. 그래서 이 책은 그 책에 이어서 두 번째의 심혈을 기울인 책자이다. 내 나의 이미 노령임에도 불구하고 또 다시 계속해서 집필이 허용된다면 아마도 여기에 대한 일련의 전서(全書)가 될 것이다. 그리고 그 전서를 나는 일러 '학교에서 더 많은 즐거움을!'이라고 할 것이다. 내가 봐인다르텐 교원양성소의 졸업식에서 하나의 강연을 했는데, 이 책은 그 강연 내용으로부터 이루어진 것이다. 그 때 그 식장을 매우고 있던 분위기가 내 마음속에 즐거운 추억으로 남아 있고, 또 내가 연설한 것 가운데서 몇 가지 선의(善意) 거짓말은 실상 나의 마음을 괴롭히기도 했다. 곧 교직에 종사하게 될 사람들에게는 나의 강연 내용을 가지고 자기들의 마음의 자세를 확립할 것으로서 감수(感受)하고 있는 것같이 보였다. 나의 이러한 교육학자로서의 편력의 즐거움을 다른 젊은 교육자들에게도 전해 주고 싶은 충동을 더욱 강렬히 느끼게 되었다. 그러나 하나의 기념강연의 내용을 책으로 인쇄하여 출판할 경우 언제나 다음과 같은 일이 일어나기 마련이다. 즉, 강연을 할 때는 마치 벽에 비치는 영화의 화면처럼 명백히 드러나던 것이 학교에서 실제로 교편을 잡을 때는 재빨리 잊어버리게 되는데, 그런 관점들이란 헝클어진 여러 가지 '테마'들임을 알 수 있다. 그래서 책임은 더욱 더 무거워지고 이들 단편들은 자꾸만 확대되기 마련이다. 전체가 하나의 책으로 될 만큼의 분량이 되지 못했기 때문에, 군데군데 극히 압축된 문장으로 남을 수밖에 없었다. 이 문장들은 철학적인 만큼 독자가 스스로 같이 사색하고, 필요할 때는 이의(異議)를 제출해 주기 바란다. 대학의 교사 교육에 있어서 이러한 기대는 당연한 일이다. 많은 설명이 너무 간단하게 처리되었을 때는 그것을 다만 명제라고만 생각해주고 새로이 교사가 되는 분들 각자의 보다 충분한 토의(討議)의 실마리가 되기를 바란다. 이러한 토의의 가치는 독자가 완성한 결론을 자기 안에 축적해 두는 것이 아니고, 오히려 독자의 마음 가운데 어떤 무엇을 움직이게 하는 것에 있다. 그것이 독자들 각자의 심중(心中) 가까이에 있다고 느껴지는 일이야 말로 적어도 나에게는 무엇보다도 바라는 바이다.

류빙겐에서 E. 슈프랑거

차례

서 론

 "이 세상에서 위대한 일 치고 정열 없이 성취된 것이 없다."라고 하는 헤겔의 말 가운데서 정열이란, 말하자면 전체적인 정신 활동으로부터 개인에게 분여(分與)된 정신의 부분을 뜻하고 있는 것이다. 하찮은 개인의 생활이 세계정신의 큰 업무에 참가할 때는 개인의 이기적인 동기가 따르지 않을 수 없는 것이다. 그래서 개인은 자기의 행복의 추구가 어느 정도까지 달성된다. 이것이 곧 '이성이란 이름의 술책' 교지(狡智), 책략(策略)인 것이다. 이 술책이 정열을 움직여서 그의 세계정신의 업무 수행에 연결되어 '수많은 사람들'의 수많은 목적들이 위대한 역사 세계 안에서 실현되고 있는 것이다.

이 이성(理性)의 만족에 관한 이론은 전제주의적인 정치 조직을 상기시켜 준다. 즉 지배자는 거대한 정치적인 업무를 수행하며, 신하(臣下)는 그들을 위해 희생하지 않으면 안 된다. 즉 신하(臣下)는 아무런 문제도 되지 않는 것이다. 그러나 그들 신하들의 기대도 조금은 만족되어야 한다. 그들의 복지(福祉)가 배려되고 가정적인 행복, 육체적 향락, 외면적인 안전 등의 겸허한 요구 등이 어느 정도까지는, 전쟁상태가 아닌 한 만족되기 마련인 것이다. 처음에 서술한 말의 중요성이 지금까지의 이런 설명을 가지고는 아직도 충분하지는 않다. 지도자로서의 정신을 가진 자에게도 유사한 일이 일어나는데, 이 때 지도자의 개인적인 행복의 요구도 역시 만족된다고 부언(附言)해 보아도 마찬가지 결과이다. 말하자면 항상 그의 명예심이 작용하고 있으며 물적(物的)인 것 뿐 아니라, 그 개인의 명예욕도 중요한 것이다. 그러나 이 경우, 아직도 전체적인 것 가운데서, 정열은 아직 낮은 단계에 머물러 있을 따름이다. 그래서 칸트는 이미 말하기를, 충동적 길항작용(拮抗作用), 반항적인 충동작용으로 말미암아 당사자들이 모르는 사이에 보다 높고 포괄적인 것, 즉 개인을 제어(制御)하는 법질서(法秩序)가 형성된다고 주장했던 것이다.

또 하나, 제3의 설명도 가능하다. 이미 헤겔의 말 가운데 그 뜻이 포함되어 있는 바이지만, 정신이 스스로 정열을 낳는다고 하는 사실이다. 이 세상에서 위대한 일은 정신을 부담하고 있는 장본인의 심적 발분(心的發奮) 없이는 수행되지 않는다는 것이다. 개인을 초월한 정신은 그 개인의 마음의 분기(奮起)로 해서 폭풍과 같은 힘을 얻게 되는 것이다. 그래서 이 말은 다음과 같이 말을 바꾸어 할 수도 있을 것이다. 즉, "이 세상에서 위대한 일 치고 감격(感激) 없이 나타난 것은 없다."라고. 한 '감격(感激)'이란 말이 오늘날 우리들의 용어에서는 그 의미가 퇴색했다고 주장해도 지나친 말은 아니다. 그러므로 이 말이 의미하는 생동감도 오늘날의 세계에서는 아마도 사라졌음에 틀림없다. 우리들은 이미 진정한 감격 같은 건 모르고 있다. 그 보기를 정치 이야기로 하자면, 다음과 같은 것이 되리라. 전제주의적 체제가 민주주의로 이동하는 것과 함께. 사람들은 자기 자신이 정신의 적극적인 공통의 부담자임을 느낄 권리를 가지게 되었다. 이제 정신은 우리 자신의 것이 된 것이다. 처음에는 내면적으로 자기도 참여하고 있다는 정열을 결(缺)하지 아니했다. 피히테는 소리를 높여 이 정열의 중요함을 부르짖었다. 그렇지만 그 영향이 없어진 것은 이미 먼 옛날이다. 우리는 이어 우리들이 공유하고 있는 초개인적인 정신생활을 모르고 있다. 우리가 알고 있는 것은 다만 사회적 역학(力學)관계 뿐이다.

'정신의 정열'에 관해서 한 마디로 요약하는 것은 흥미 있는 일임이 틀림없다. 이 정열은 여러 가지 종류로 나타난다. 그렇지만 이 정열은 우리들에게 매우 소원(疎遠)해 있기 때문에, 우리가 그것을 보다 잘 이해하기 위해서는 우리가 그 정열을 부정하려고 해도 절대로 부정할 수 없는 장소를 선택하지 않으면 안 된다. 원래 정신적인 직업은 이러한 마음의 작열(灼熱)을 필요로 하는 것이다. 이 불타오름을 불러일으키지 아니하면 정신생활은 고갈(枯渴)해 버리고 만다. 이미 우리가 오래 전부터 고갈의 운명에 직면하고 있음을 모두들 잘 알고 있는 바이다.

이 직업이란 말은 '사명으로 삼고 있는' 소명적 천직(召命的天職)이라는 뜻으로부터 유래하는 하는데, 그 점에서는 종교적 관념의 여운(餘韻)을 갖고 있다. 그러나 사회생활이 아주 간단하게 확정될 수 있을 뿐 아니라, 그 일부가 계산될 수 있는 여러 가지 힘의 영위라고 고려하게 되면서부터는, 직업을 선택할 때 인간은 다만 하나의 특성의 소유자에 불과하게 되었다. 직업적 재능이 문제가 되고 화학의 실험을 할 때와 마찬가지로 그의 재능이 테스트에 의하여 검정되는 것이다. 직업에 대한 애착이 가끔 화제가 되기도 하지만, 그때에도 사람들은 대개는 '좋아한다.' 또는 '좋아하지 않는다.'는 것밖에 생각하지 아니한다. 경제학이나 사회학은 직업의 요구 사항이나 전망, 일정한 도야(陶冶) 과정이나 향상의 가능성 능을 밝혀 준다. 이와 같은 것을 기초로 하여 직업지도를 할 때는, 모든 관련 요소에 대하여 최대한의 주의를 기울이지만, 다만 정신에는 주의를 기울이지 아니한다. 아무리 이에 반대해 보아도 사람은 내부로부터 우러나오는 어쩔 수 없는 이 정열에 관해서는 주의를 기울이지 않는다. 그에 대한 아주 적절한 변명의 구실이 있다. 즉 그러한 정열이 움직일 경우엔, 처음부터 단순한 '혼(魂)의 능력'의 범위를 넘어 있다고 하는 것이 바로 그 구실이다.

정신의 정열이 필요 이상의 사치일 수도 있는 직업도 실제로 직업은 그 사회적인 기능을 수행하기 위해서 다른 사람이 대리로 해도 어떻게 될 수 있다. 사람을 대체할 수 있다 함은 그와 같은 직업의 지망도를 하나의 공통분모로서 나눌 수 있다는 표현을 해도 좋다. 즉, 직업은 그 수입의 많고 적음으로 평가된다. 수입이 형편없으면 그 '직장'

의 외모도 형편없이 보이게 된다. 사람은 하루 종일 계약상 의무, 즉 부과된 일을 하고, 그 일이 끝나면 저녁녘이나 주말을 즐긴다. 그 여가를 위해서, 그 직업이 요구하지 않는 '정열'을 사람들은 절약하는 것이다. 이러한 경향은 낮은 임금의 직업뿐 아니라, 대단히 높은 수입의 몇 가지 직업에도 해당한다. 특별한 교육을 필요로 하는 직업이라도 그와 같은 상태에 있는 수도 있는 것이다.

오늘날의 사회에서는 이따금 재능조차도 '노동시장'에서 제공되는 상품의 하나로 간주되고 있는 것이다.

본래 정신적인 직업에서는 전혀 그 사정이 다른 것인지 모른다. 그러나 대학 정도의 교육을 필요로 하는 직업이라도 광고란에서 제공하는 단순한 시장의 상품으로 떨어져 있는 수가 많이 있다. 우리들의 문명이 안타깝게도 넓은 범위에 걸쳐 하나의 '경영'으로 변해 있기 때문에 하는 수 없이 그렇게 되어버린 것이다. 이런 상태가 위험하게 되기 시작한 곳에서는 다른 관련으로부터 다시 고찰을 해보아야 할 것이지만, 여기서 하고 싶은 이야기는 '정신의 정열'과 더불어 파악되지 아니하면 전연 그 의미를 상실하고 마는 하나의 직업에 관해서이다. 즉 본질적으로 교사의 직업이 포함되어 있는 교육자의 직업이 바로 그것이다.

만약 오늘날 '정신을 불어넣음'에 관해서 말한다면, 그것은 또 정열에 의해서 성취한 먼 옛날 이야기가 아닌가 하고 의심할 것이다.

그래서 '인스피레이션' 영감(靈感)이 없다면 실제로 아무 것도 되지 아니하는 몇 가지의 경우에만 한정하지 아니하면 안 된다. 창소석인 예술가에게는 분명히 '천재'라고 하는 말을 쓸 수 있다. 이 라틴어로서의 천재란 말은 영혼에 의탁된 상태에 대해서 쓰여 지는 말이다. 이렇게 말하면 곧 우리는 소크라테스가 그의 마음의 소리로 들었다고 하는 '다이모니온'이란 말을 상기하리라. 그가 이 말로써 정말 무엇을 의미했는지에 관해서는 아직까지도 논쟁이 계속되고 있다. 인간을 통해서 작용하는 영혼에는 실로 많은 종류가 있다. 오늘날 신화적 요소의 배격시대, '비신화(非神化)'인 오늘날에 있어서 어떠한 영혼이 아직도 살아남아 있는지를 조사해 보는 일은 또한 흥미 있는 시도라고 생각된다. '교육의 정신'이 예술을 창조하는 정신과는 본질적으로 다르다고 하는 사실이 나중에 밝혀질 줄 안다. 그러나 교육적 천재 같은 것도 틀림없이 존재하는 것이다. 그것은 애착이나 수재 이상의 것이요, 인간 교육에 대하여 내면으로부터 우러나오는 목자적 존재(牧者的存在)를 의미하고 있다. 그래서 이러한 충동이 경우에 따라서는—피히테의 말을 빌자면—그의 생명이 될 만큼 영혼의 갈구를 만족시켜 줄 수도 있는 것이다.

이와 같은 현상은 물론 드문 일이다. 교사 양성의 경우에는 이와 같은 정신이 청년들에게 그대로 옮겨지도록 이들이 모범으로서 나타난다. 이것은 어떻게 보더라도 교육학을 다만 가르치기만 하는 것보다도 훨씬 더 효과적이다. 다만 교육학이 '정신'없고 '기적'을 낳는 것을 목표하지 않는 것이라면 교육에 반대할 아무런 이유도 없는 것이다. 그 교육의 천재는 시대와 재능에 응해서 아주 다른 모양으로 나타나게 된다. 그러한 여러 가지 모양이 한꺼번에 모방되는 것은 아니다. 그러한 모방은 알 수 없는 합성품을 만들어 내게 될는지도 모른다. 오히려 이들 모범상은 모두가 유혹의 수단이요. 우리들의 문명의 여러 가지 제약 하에서, 또 대부분이 대단히 겸허한 사람들의 마음에 유사한 정신을, 즉 교육하지 않으면 안 된다고 하는 정신을 불러일으키기 위한 것에 불과할지도 모른다. 이 정신은 시대를 초월한 것으로서 여러 가지 변전(變轉)과 표현형식을 일관하는 것이다. 초보자는 자기의 마음 가운데 그것에 유사한 정신이 소리가 들리지 않는가 하고 귀를 기울여보지 않으면 안 된다. 그 때 들리는 것이 다만 하나의 섬광(閃光)에 불과한 것일지라도, 그것이 마침내는 전 인류를 불타게 할 불꽃이 될 수도 있을 것이다.

오늘날 교육정신의 샘(泉)에는 이제 아주 소량의 물밖에 고여 있지 않다고 하는 점에 대하여 우리가 침묵만 하고 있을 때가 아니다. 이 교육정신이 현대의 독일인들에게 호감을 주지 못하고 있는데 대한 이유는 많은 사람이 이미 잘 알고 있는 바이다. 이 교육정신을 새로이 소생시키기 위해서 어떤 조건이 필요한가를 진술하는 것은 실상 더욱 어려운 일이다. 가정이라고 하는 가장 기본적인 공동사회가—물질적 또는 정신적으로—무언가의 빈곤으로 말미암아 파괴되어 있을 때, 또는 가정의 주위에 어떤 도덕적인 질서도 파괴되었을 때, 나아가서 상호간에 가치 있고 구속력이 있는 내용을 줄 만한 희망이 이미 없어졌을 때, 가정에서 그것의 재건을 꾀한다는 것은 어려운 일이다. 그래서 여기서는 오히려 학교에 관한 일을 화제로 삼고 싶다.

반더포겔(독일에서 일어난 자발적인 청년운동)로부터 배출된 진실한 청년 운동가들의 한 세대를 통해 일관한 노력에 의하여 학교의 내부가 활기를 띠었던 때도 있었다. 이 사람들이 가지고 있는 능력의 비밀이란 다름이 아니라 자기 자신의 교육 과정을 강하게 의식하면서 살아나갔다는 점에 있다고 생각한다. 이 세대는 부딪치는 현실에 의해 눈을 떴고, 뒤의 세대를 보다 잘 만들겠다는 확고한 신념을 가지고 있었다. 그들은 청춘의 영혼을 알았던 것이며, 그 청춘을 신성한 것으로 느끼고 있었던 것이다.

만일 천재가—여기에 대한 통계학은 없지만—시인 횔더린의 말과 같이, 현대에도 이 나라 저 나라를 편력(遍歷)하고 다닌다고 한다면, 또 여기서 말하는 교육의 천재가 지금 다른 곳에 있다고 한다면, 이 천재를 우리가 있는 곳으로 다시 데려오기 위해서 큰 소리로 이 천재를 불러야 한다. 왜냐 하면 말할 필요도 없이 명실상부한 진정한 천재란 그리 흔한 것이 아니기 때문이다. 우리는 실험 가능한 이상(理想)의 범위 안에 머물고 싶고, '교육적인 것'이 생명을 움직이는 동기의 중심이 되어 있는 정신의 소유자가 됨으로써 만족하고 싶다. 천재라고까지는 못해도, 이러한 교육의 정신이 약동하고 있는 사람들을 우리들은 무어라고 불렀으면 좋을까?

교사란 직업만큼 '천부적인' 재능을 필요로 하지 않는 직업도 없다. 교사의 본질은 상당한 성숙을 필요로 하기 때문이다. 그러나 정신적인 일을 실행함에 있어서도 그것을 잘 해내기 위해서는 오랜 교육 과정을 필요로 하며, 그 교육 과정이 미리부터 어떤 방식으로 존재해 있는 것이라고 한다면, 아마 비유적 의미에서 '천부적인 교사'라 불러도 무방하리라. 이 말은 '순수한 교사'라고 하는, 외래어를 피한 표현이지만, 의미하는 바는 마찬가지이고 교육을 위해서만 태어난 것 같은 진정한 교사를 말하는 것이다.

18세기 사람들이 흔히 좋아하던 것은 바로 지금부터 이야기 하려고 하는 사상에 대하여 핵심적인 비유를 해 주고 있다. 우리도 이러한 방법을 채용하기로 하자!

원시림 깊숙이 한 사람의 남자가 앉아서 열심히 수렵용의 활을 만들고 있다. 사내아이 하나가 살며시 가까이 와서 재미있는 듯이 이 예술적인 조각품이 되어가는 모습을 바라본다. 남자는 일손을 멈추고 사내아이에게 만드는 방법을 설명한다. 아이에게 나무의 탄력성을 확인시켜 주고, 조각칼을 손에 쥐어주고는 일의 순서를 가르친다. 이 남자는 중요한 일로부터 눈을 돌이켜서 하나의 영혼을 이 일에 효과적으로 접촉시키려고 하고 있다. 아마도 이 남자는 활 조각의 명수임에 틀림없다. 그러나 그는 조각에 과도히 몰입하지 않고 자기가 가진 명기의 후계자를 교육할 여유를 가졌다. 이 남자의 마음 한 가운데 보다 강한 것은 물건을 만드는 충동이었을까, 또는 영혼을 만드는 충동이었을까는 여기서 결론 내리지 않기로 하자. 그러나 그것이 후자라고 한다면, 그의 마음에는 인간 교육의 불꽃을 피우는 불꽃이 있고, 활을 만드는 일은 그에게 있어서는 임시적인 착수점(着手點)이어서 다른 것과 바꾸어도 무방할는지 모른다.

천부적인 교사에 관해서 일반적으로 말한다면, 그는 무엇이고 그는 무엇을 할 수 있는 것이다. 그는 생장하는 자를 생활하는 명인이 되도록 돕는다. 그는 그렇게 행동 안 하고는 못 배긴다. 그것이 그의 정신적인 근본 충동이기 때문이다.

천부적인 교사는 그렇게 할 수 있고, 초보자는 그렇게 하고 싶은 것이다.

슐라이어마허는 형성의 충동을 가진 사람을 두 종류로 나누었는데, 즉 물건을 만드는 사람과 자기 자신을 만드는 사람이라고 했다. 전자는 형성의 에너지를 외부로 향하여 쏟고, 후자는 그것을 자기 자신에게로 쏟는다. 그는 어찌하여 제3의 '사람을 만드는 사람', 즉 타인의 자기형성을 위해 주력하는 사람에 관해서 언급하지 않는 것일까? 애당초 자기가 유능하고 열심히 하는 자기형성자(自己形成者)

가 아닌 사람은 타인을 형성하는 사람이 될 수 없다는 것
은 추측하기 어렵지 않다.

물건을 만드는 사람과 혼을 만드는 사람, 이 두 가지 타
입은 사회 활동에 있어서도 필요한 것이다. 생명의 리듬
이 그것을 요구하는 것이다. 왜냐 하면, 만약―대단히 일
빙직인 말로 한다면―문화의 외면적인 작품은 끊임없이
반복해서 혼의 체험, 혼의 이해, 혼의 양육으로 환원되지
아니하는 한, 인류는 마침내 자기의 혼을 외부 세계의 형
상에 빼앗기고, 다음 세대는 전연 공허한 상태가 되어버릴
지도 모른다.―이것은 단순한 비유만은 결코 아니다.

제1장

지렛대의
문제

지렛대의 문제

천부적인 교사의 혼(魂)안에 창조적인 감격을 불러일으키는 첫째 문제를 나는 지렛대의 문제라고 부른다. 무거운 물건을 움직이려고 한다면 지렛대를 어디에 대면 가장 합리적인가를 알아야 한다. 교육은 물체를 움직이는 것이 아니고 혼을 움직이는 것이다. 물건을 움직이는 데는 역학(力學)의 지식이 필요하며, 혼을 움직이는 데는 심리학적인 감각이 필요하다. 그러나 이들을 너무 과장하여 평행시켜서는 안 된다. 만약 그렇지 않으면 오늘날의 교육학과 정신공학을 혼동하게 될 염려가 있다. 학생의 의지를 결정하고, 또는 '결정하는' 사명이 교사에게 부여될 때 틀림없이 헤르바르트의 생각은 옳았던 것이다. 그러나 젊은 사람들의 혼에 적당한 정신적 원인을 간단하게 부여해 줌으로써 심리적인 영향을 일으킬 수 있는 것처럼 그가 때때로 주장하고 있는데, 그것은 그릇된 것이다. 일반적으로 심리적인 것에 나타나는 이런 종류의 인과 관계는 혼의 윤리적인 영역에는 포함되지 아니한다. 교육은 항상 각성시키는 일이다. 다른 말로 하자면, 혼 안에는 그것의 기능을 올바로 쓸 수 있게끔 하기 위해 불가피한 인과율적인 관련이란 없기 때문에 이 지렛대의 문제는 교육자에게 있어서, 지금 본질적으로 어려운 문제로서 그의 모든 배려의 중점이 되어 있는 것이다.

헤르바르트에 의하면, 교육의 목적은 윤리학에서, 방법은 심리학에서 구해야 한다고 하는데 대하여, 슈프랑거는 영혼의 감동이 심리적인 방법으로 불가능함을 지적하여 헤르바르트에 회의를 품고 있다.

철학에서, 이 혼의 자유의 비밀이 밝혀지기까지, 또는 다만 어떤 자유와 어느 정도의 자유가 학생들에게 주어져야 좋을 것인가를 결정하기까지 교사가 기다려야만 한다면, 이 세상에서 교육이라 이름이 붙는 것은 존재하지 못했을는지도 모른다. 아직 이론도 발견되지 아니한 많은 것들이 대담한 행위에 의해서 곧잘 달성되는 수가 있다.

그럼에도 불구하고 천부적인 교사는 어떻게 학생의 혼을 붙잡아 감동시킬 것인가에 대해서 아직도 숙고하고 있다. 그는 이 지렛대의 문제를 다음과 같이 규정할는지 모른다. "나는 젊은 혼이, 이 젊은 혼이 어디에, 어떻게 영향을 주도록 노력해야 할 것인가? 이들의 혼을 영원한 것으로 기우기 위하여 즉 점차적으로 보다 높은 정신생활로 나아가도록 돕기 위해서"라고. ─그러므로 교육자는 젊은 사람들을 본질적으로 그 사람들의 교화성의 견지에서 바라보는 것이요, 이 '지렛대의 문제'라는 말은 교화성의 문제에 대한 하나의 비유에 불과한 것이다.

교사교육의 과정에서 심리학은 여러 가지 형태로 나타난다. 일반심리학이라든가(때때로 이것은 필연적으로 철학적인 전제에서 전망을 필요로 하는 인간학에 까지 확대된다), 발달심리학이나(연령의 심리학), 차이심리학이라든가(정신구조나 재능이나 천분 등의 심리학)로 불린다. 그 위에 오늘날은 특히 심층심리학으로서 치료심리학이 부가된다. 교육학은 전적으로 단순한 심리학에만 기울어지고 있지 않나 하는 불안도 없지 않지만, 그것은 옳지 못한 견해이다. 그 훌륭한 지식이나 학문 모두가, 그것의 공헌이 모두 "나는 어떻게 감동시키며 교육시킬까? 어떻게 해서 지향의 핵심에까지 도달할 것인가?"하는 것의 중심이 되는 의문에 비추어 보고 바라봄으로써 비로소 교육적으로 의의가 있게 된다. 천부적인 교사는 알고 있다. 즉 자기 발전의 자세를 형성화하는 가능성은 전면적으로는 부정할 수 없고, 또 모든 것이 한도가 없지 않음을 알고 있는 것이다. 이 학문과 감동이란 양극단 사이의 어딘가에 풍요한 가능성이 있는 것이다. 그러나 그것이 어디에 있는가, 그래서 이 특별한 사태 안의 어디에 있는가를 그는 끊임없이 생각하고 있는 것이다.

슈프랑거는 오랜 동안 심리학을 실제로 가르치고 연구했지만, 심리학에 대한 지나친 신뢰를 경계하고 있다. 그러므로 슈프랑거에 있어서 심리학은 어디까지나 방법학이요, 보조학의 영역을 벗어나지 못한다.

이렇게 해서 천부적인 교육자가 정말로 필요로 하는 심리학이 다만 하나, 즉 교육심리학이라고 하더라도 이 심리학은 안이하게 이용할 수 있을 만큼 완성된 것은 아니다. 내면생활을 밝게 비추어 내는 의미연관(意味聯關)에 따라서, 이 심리학은 일반으로 아주 다른 종류의 형태를 갖게 된다. 정치가는 교사와 다른 견해를 가지며, 경영자는 사무원과는 다른 동기를 가진다. 교육에 있어서는 모든 것을 교육 제일의 관점에 두지 않으면 안 된다. 이 말은 다만 감정에 관한 제 분야(諸分野)가 고찰된다는 뜻은 아니다. 실제로 '모든 것'이 이와 같이 혼과 연관하여 연구대상이 된다. "혼의 골짜기에 있는 물을 다 퍼낼 수는 없다."고 하는 헤라클레이토스의 말은 영원히 진리이고 거기에 부가해서 "비록 당신이 모든 차원을 남김없이 밟아 보았다 하더라도"하는 문제는 정말 심리학적으로 문제되는 여러 가지의 의미 방향을 나타내고 있는 것이다.

심리학이 전능이 아니며, 특히 영혼으로 말하자면 아직도 밝혀지지 않는 부분, 밝힐 수 없는 분야가 너무나 많다.

'교육심리학'이란 특수한 부문이 이미 다소간의 성과에 도달했다고 한다면, 그 때는 보다 상세한 설명이 있어야 할 것이다. 정치심리학과 마찬가지로 교육심리학도 "이 연구에 의해서 만들어진 법칙은 예외 없이 정확성이 보증될 것"이란 공언은 거의 불가능하다. 내면생활은 너무도 복잡한 것이다. 이 심리학은 다만 주의해야 할 제 요소에 눈을 돌림에 불과하다. 그러므로 "당신이 배운 가정(假定)의 법칙이 확증된다면 그것으로 좋다! 그 정확성이 증명되지 않더라도 당신에게 그것이 유익한 것이다. 당신이 이후 연구해야 할 다른 요소가 함께 작용하고 있음을 주의시키는 점에서"라고 하는 의미인 것이다. 이 점에서 이 심리학은 '보는 것'을 가르친다. 그러나 주어진 것에 대하여 항상 단순히 완성된 이론만을 가지고 '적용시켜 보는 것'은 삼가 하지 않으면 안 된다. 추리거와 같은 훌륭한 교육학자는 자기의 저서에서 이 위험한 암초를 헤엄쳐 넘는 많은 예를 나타내고 있다. 즉 개개의 개성이 이론으로서 확립된 '심리 구조'의 단순한 실례로 되어 버린 위험을 말하는 것이다.

혼의 '법칙'이 일반적으로 어떤 것인가에 관해서는 대단히 어려운 곳에 발을 들여 넣는 것이라서, 여기서는 그 심연의 가장자리를 밟아 보고자 한다. 여하간 물리학과는 전혀 다른 법칙이 중요하게 되고, 윤리적인 것이 정말로 문제되기 시작하면, 다만 적용하는 데 불과한 제 법칙(諸法則)은 일반적으로 적용되지 못하게 되고 만다.

여기서 교육심리학의 내용을 설명하는 것은 나의 목적에서 벗어나는 것이다. 다만 모든 것은 목표인 혼의 점화점에 관해서 보다 더 상세하게 설명할 필요가 있는 것이다.

교사가 행하는 어떤 수업에 있어서나 그 배후에 있기 마련인 문제는 "생각하는 인식을 어떻게 불러일으킬까?"하는 것이다. 또 보다 좁은 의미에서 교사의 보다 좁은 처치

(處置)의 배후에는 "생각하는 의욕과 행위를 어떻게 불러일으킬 것인가?"하는 문제이다. 전자의 경우, 그 목표는 간단히 말하자면 세계의 인식이요, 후자의 경우의 그것은 추구 할 수 있는 것, 행동할 수 있는 것이다.

그렇지만 이 두 가지 일은 아직도 끝난 것이 아니다. 왜냐하면, 생각하는 인식은 선에도 악에도 유용할 수 있기 때문이다. 선이 '행하고, 자라고, 유익하기' 위해서 교사는 내가 '조정기(調整器),' 또는 '조정기적인 것'이라고 부르는, 즉 젊은 사람들의 혼 가운데 있는 한 영역을 목표하지 않으면 안 된다. 이러한 현상은 대단히 간단한 사례로부터 이해할 수 있다. 다만 이성적인 반응사이에 하나의 감정 또는 하나의 감정적인 긴장이 포함되어서, 그것에 의해서 반작용의 방향이 결정되는 것이다. 이 세 단계의 과정은 또한 자연적인 장치로서만 작용하는지도 모른다. 그러나 사람의 혼이 눈뜨게 될 때는 상술(上述)한 부분에 많은 복잡한 개재물(介在物)이 있는 것이다. 이렇게 되면 벌써 "모든 것은 감정이다."라고는 할 수 없다. 여기에는 서서히 다양한 가치가 체험되고, 그들 가치 사이에서 의지의 결정이 행해지고, 자각된 양심이 방향을 제시하여 나타나고, 도덕적으로 결정된 결의가 최후에는 지향으로서 확립되지 않으면 안 된다.

이러한 모든 것이 일어나는 장소는 충동적인 자아 위에 서서히 만들어지는, 보다 고차원적인 자아인 것이다. 그것의 핵심이 곧 양심이라고 하는 것이다. 빌헤름 마이스터는 『수업증서』에서 괴테와 소크라테스를 생각나게 하는 의미의 말을 쓰고 있다. "우리들의 행동의 원천인 정신은 최고의 것이다. 올바른 것을 행할 때는 자기가 하는 일을 아무도 모르지만, 부정은 우리들이 다 항상 인식하고 있다."

이 혼 안에 있는 조정기를 외부로부터 키울 수 없는 것은 분명한 사실이다. "그것은 당신의 혼 안에 존재한다. 당신이 그것을 영원히 빼어내는 것이다."라고 하는 영원한 이상주의의 원리가 바로 여기에 해당하는 것이다. 진실한 교육자는 다만 조용히 지도하면서 혼을 파악하여 혼의 각성을 돕고─참다운 소크라테스적인 의미에서 '조산하다.' 함이 가능할 뿐이다. 이 혼의 자유를 돕는 데 필요하고 편리한 처방은 없다. 그렇지만 천부적인 교육자는 교육의 지렛대를 놓을 장소를 찾아 끊임없이 생각한다. 이러한 혼이 탄생하는 신비에 전체적으로나 개별적으로나 어떻게 도달할 수 있을 것인가를 발견해 내는 것이 교육자의 자랑인 것이다. 위대한 교육자는 이러한 일에 대해서 정신을 집중해 왔다. 우리들은 "그들의 뒤를 따라 생각 한다."

여기 소크라테스적으로 '조산한다' 함은, 영혼을 가진 주체는 학생이며, 교사는 다만 영혼의 주인인 학생으로 하여금 세 스스로의 힘으로 각성하도록 도와주는 것을 뜻한다.

즉 이러한 노력의 목표는 혼을 끊임없이 새롭게 만들어내는 일인 것이다. 저 입센의 '페르귄트'의 단추 만드는 사람을 상기해 주었으면 좋겠다. 무엇을 용해시키는 데는 '붐' 열기(熱氣)을 필요로 한다. 비유를 쓰지 않고 말한다면, 사랑의 정열에 의해서만 사람의 혼에 영향을 줄 수 있는 것이다. 그 정열은 모든 감정에게로 퍼지고, 학생의 마음이 부딪칠 것을 목적으로 해서 흘러나오는 것이다. 특히 페스탈로치에 있어서나 케르쉔슈타이너에 있어서 그러하다.

그러나 사랑의 정열이라고 하는 주문(呪文)으로써 최후의 의문이 다 풀렸다고 생각해서는 안 된다. 오히려 여기에서 겨우 천부적인 교육자는 자기의 힘을 발휘할 영역이 시작되었을 따름이다.

사랑이라고 하는 것은 여러 가지 의미를 가지고 있는 말이다. 여기서 중요한 것은 교육 정신에 합당한 사랑을 발동하는 일이다. 또 그 사랑의 정열을 올바르게 조정하는 일도 중요한 일이다. 여기에 무슨 규칙이 있을 수 없다.

오히려 깊은 정신적인 본능으로부터 올바른 것에 이르게 되는 것이다. 천부적인 교사야말로 그 표본이 된다. 다른 사람은 그를 보고 배우며, 그로부터 그 사람의 기술을 배우리라. 수많은 자서전 가운데서 굉장하고도 사랑에 넘친 천분을 가진 어머니들의 자태를 발견하게 된다. 그것보다도 교훈적인 것은 말없는 애정에 의해서 진지한 생활태도를 견지해 나가는 아버지들의 자세이다. 이러한 사랑이 필요할 때는 언제나 발견할 수는 있을지언정 쉽사리 흘러나오지는 않는다. 흘러나오는 데는 조건이 있으며, 이러한 사랑이 피교육자에겐 교육적인 사랑인 것이다.

인간교육은 혼의 감동을, 혼의 자각을 목적으로 해야 한다. 그렇게 하자면 혼을 움직여야 한다. 그 혼을 자각시키기 위해서는 천부적인 교사가 있어야 하겠으나 천부적인 교사는 천부적인 장군이 없는 것과 마찬가지로 이 세상에 이미 존재하는 것이 아니라 존재시키는 것이다. 그런 교사는 정열이 있어야 한다. 혼에 불을 붙일 열화와 같은 정열이 있어야 한다. 그러기 위해서 오늘날 교사들에게는 심리학이 크게 방법적으로 공헌할 수 있다. 결국 교육은 소크라테스의 산파술의 원형으로 돌아간다. 천부적인 교사는 혼을 움직일 지렛대를 어디다 대어야 하는지를 안다. 그러기 위해서 천부적인 교사는 끊임없이 만들어지고 있는 것이다.

제2장

도야재의
탐색

도야재(陶冶財)의 탐색

이 지렛대의 문제는 교육자의 기본적인 태도를 대단히 선명하게 나타내고 있지만, 교육자의 바람직한 정신 자세를 규정하는 데에는 결코 충분하다고 할 수 없다. 왜냐 하면 "어떻게 나는 혼을 교육적으로 파악할 수 있을까?"하는 과제에는 그것의 의미에 부합하는 다른 영역의 태도와 연결되어 있기 때문이다. 그리고 다음 제2의 문제는 "나는 어떻게 이와 같은 교육의 의도에 부합하며 자유자재로 할 수 있는 정신재(精神財)를 발견할 것인가?"하는 문제이다.

교육학에서는, 예컨대 '케르센슈타이너'의 경우와 같이, 보다 넓은 의미에서 사용되고 있지만, 재(財)라고 하는 것을 여기서는 형성되어진 물건이라고 생각하자. 물건과 물건을 연결하는 대상화(對象化)된 정신이란 그것이 인간 생활을 유지하고 인간 생활을 가치 있게 해줄 때에는 재(財)가 되는 것이다. 자연이라고 하는 것은 즉, 아직도 사람의 손이 닿지 아니한 환경으로부터 주어지는 것이요, 문화재라고 한다면 그것을 만드는 데 사람의 손이 적어도 함께 작용되어 있음을 말하는 것이다.

문화재는 순순히 물질적인 형성물로서 평가될 수 있고 (합성품, 도구, 의류, 주택 등), 또는 정신적인 요구를 채워주는 데에도 유용하다(예술품, 서적, 악기, 예배의 대상). 정신재의 제작, 보호, 의의 있는 활용은 문화적 사업의 하나의 본질적인 면인 것이다.

옛날 우화에 황금 욕이 많은 미다스왕의 이야기가 있다. 그의 손이 닿는 것 전부가 황금이 되었으면 좋겠다는 그의 소망을 신은 그에게 실현시켜 주었다. 이 이야기의 불행한 결말을 빼놓고 나면, 이 옛날이야기는 비유로서 천부적인 교육자에게도 적용할 수 있다. 즉 천부적인 교육자에게는 그의 손끝에 의해 모든 것이 교육상의 황금으로 변하고 만다. 즉 모든 문화재는 교육과정을 위해서 가치를 가지기 때문에, 또는 가지는 한 무엇보다도 흥미를 일으키는 것이다.

미다스왕의 불행한 결말이란, 그의 처음 소망 즉, '손에 닿는 것은 다 황금으로 변했으면'하는 것이 이루어졌기 때문에 보다 큰 불행을 초래한 것이다. 즉 손이 닿는 모두가 금이 되었으면 좋겠다는 그의 소망은 자기의 귀여운 외동딸인 공주를 싸늘한 금덩이로 만들어버린 불행한 결말을 가져왔기 때문이다. 그래서 교육자에게는 적어도 이러한 미다스왕의 불행한 결말―딸이 금으로 변한 것―을 빼놓고 다 그렇게 그렇게 되었으면 좋겠다는 것이다. 그러니까 교육자에게 닿는 것 전부가 다 종횡무진으로 흥미 있고 유익한 도야의 자료가 되었으면 좋겠다는 것이고, 천부적인 교사에게는 또 그렇게 되어야 하겠다는 것이다.

가도성(可陶性)의 문제와 마찬가지로, 여기서도 또 혼을 일깨우는 중요한 방향을 교육자에게 지시한다. 물건을 창조하는 사람은 그 창조가 어느 분야에서 행해지더라도 그것을 혼으로부터 만들어 내는 것이다. 그는 혼의 일부를 물건의 세계에 부여하고, 인간에 있어서 중요한 의미를 그것에 강력히 부여하는 것이다. 사람을 만드는 사람은 일종의 환원작용을 행한다. 그는 정신의 작품을 가지고 그것을 객체화(客體化)된 정신의 고정상태로부터 또 혼의 유동상태, 즉 충분히 체험되는 상태로 환원시키는 것이다.

이런 일은 오늘날과 같은 착잡한 문화생활 가운데에서는 끊임없이 일어나고 있는 것이다. 이 두 가지 경향은 호흡처럼 교체되고 있다. 이 혼에 의한 이해와 습득을 위해 물건을 환원하는 것이 특별한 의미를 확실하게 가지고, 혼이 그것에 의해 자라고 확대되며 보다 높이 성장할 때, 비로소 문화재를 혼의 단체로 환원하는 일은 진정으로 교육적인 것이 된다. 이 관계에 입각할 때 일반의 문화재는 도야재의 성격을 띠게 된다.

이 때 천부적인 교육자는 아주 특수한 문제에 직면하게 되는데, 그것을 사색적으로 극복하지 않으면 안 된다. 대부분의 문화재는 교육적인 목적과는 달리 아주 다른 목적으로 쓰인다. 경제적인 재(財)는 육체적인 것으로부터 보다 고차적인 것에 이르기까지의 많은 욕망을 채워 주고 있다. 예술적인 재는 현실의 압박으로부터 우리들을 해방시키고, 상상력을 풍부히 해주며, 새로운 세계 질서에의 전망을 준다. 학문적인 재는 개별적으로 나타나는 것을 일반적인 것으로 바꾸어서 변천하는 현상을 영속적인 사상으로 고정시켜 준다. 자연이나 문화적인 작품이 '교육적인 것"을 포함하고 있는 것은 2차적인 특성으로서, 그것을 '도야 가치'라 부를 수 있다. 이러한 관점에서 볼 때에 그것들은 새로운 의미의 연관과 다른 특수한 생명 영역의 질서에 포함된다. 문화작품의 도야 가치는 위력이 있을 때도 있고 없을 때도 있으며, 여러 가지 장서 영역에 관련을 맺을 때도 있다. 도야 가치는 광맥처럼 노출해 있는 경우도 있고 숨어 있는 경우도 있다.

여기서 재라고 하는 것은 재산과 같은 의미이다. 그래서 도야재라고 하면 도야하는 데 또는 도야되는 데 자본적 가치를 가진 자료를 의미하게 된다. 그것을 교육적으로는 교재라고 불러도 좋을 만하다.

여러 가지 문화재 가운데서 잠자고 있는 도야 가치를 찾아내어 그것을 도야 목적에 비추어서 조사하고, 구체적인 수단으로 끌어내는 것은 정신적으로 사명 지워진 교육자 본래의 임무인 것이다. 이와 같은 선택과 준비는 어렵다. 우리보다 앞선 세대가 여러 가지 종류의 사전 준비를 해 놓았다. 예컨대 고대의 도야적 가치에 관한 분야가 있는가 하면, 또 다른 편에는 아직도 거의 아무 것도 행해지지 아니한, 대단히 문제가 많은 정치교육과 같은 다른 분야도 있다. 풍요한 도야의 방법 가운데서 '골라잡는 일'은 말할 것도 없이 도야재의 특수성이나 도야의 과제 전체 가운데서 그때그때의 부분적인 목표에 의해서 좌우된다. 단순한 손가락 끝의 숙련만을 가르칠 것인가, 또는 예술에까지 도달할 가능성을 가르쳐야 할 것인가에 따라서 거기에 차이가 나타난다. 물리학이나 수학의 교수법은 역사의 교수법과 전혀 다르지 않으면 안 된다. 어떤 분야에서는 말을 잘하는 것이 중요한 때도 있다. 단순히 '질문'하는 것뿐이라면 기억 활동을 테스트하는 데 유익할 따름이다.

동일한 도야 교재라도 목적 여하에 따라서 다른 교육 활동을 필요하게 되고, 교육적 배려로 다른 교육적 성과를 가져오게 된다.

천부적인 교사에 관해서, 대단히 일반적으로 이야기될 경우에, 좋은 교사는 '천부적인 교사'의 인격의 일부분, 틀림없이 대단히 중요한 인격의 일부분의 역할만을 수행하게 되는 것이다. 이러한 좋은 교사로부터 자주적인 연구를 박탈할 수는 없다. 자주적인 연구에 의해서만 그는 좋은 착상을 할 수 있을 것이며, 나태한 교사에게는 그러한 좋은 생각이 떠오르지 않을 것이다.

능력 있는 교사를 천부적인 교사로 번역하면 좋겠다. 유능한 교사는 교재 활용에 있어서 자유로운 융통성을 발휘한다. 오늘날 지역사회 학교의 기본적인 방향은 여기서 암시되는 바 있다.

교육적인 고찰과 교육 기술은 다음 세 가지 방향을 지향하지 않으면 안 된다.

① 사물의 법칙이다.(이때 사물이란 그 본래의 성립과 법칙성에 교육 목표가 관계를 가지고 사물의 상태로서의 대단히 넓은 의미로 해석되지 않으면 안 된다.)

② 혼의 법칙, 즉 혼과 정신의 주체가 일반으로 그와 같은 것으로 내면적인 변화가 가능한 법칙인 것이다.

③ 특별한 경우에 바랄 수 있는 혼의 발전 단계와 정신의 성숙이다.

이와 같은 관점을 기초로 해서 밟아 올라가서 비로소 '아!'라고 하는 조용한 깨달음, 즉, 사물을 배울 때에 항상 무엇이 열려지고, 무엇이 '밝혀졌다.'고 느끼는 체험이 나타나게 될 것이다. 만약 이와 같은 결과가 나타나지 않는다면, 요컨대 많은 것을 바랄 수 없고, 설령 그것이 어떤 종류의 재료일지라도 곧 의식 밖으로 사라져버린다고 해도 좋을 것이다. 천부적인 교사는 이와 같은 실패에 쉽사리 빠지지 않는 점에서 단순히 '학습만 하는' 교사와는 다르다.

가르칠 때에 단순화 되지 않는 것은 아무 것도 없다. 그러나 이 '단순화'라고 하는 것은, 또 각자의 교육 분야에 있어서 다소간 다르게 나타난다. 그러기 때문에 우리는 여기에서 이 점을 충분히 논의할 수는 없다. 다만 하나의 비유만을 허용하기로 하자. 만약 우리가 음악을 들을 때 그음악을 본질적으로 '이해' 하려고 한다면, 그 때 중요한 것은 테마나 멜로디나 주도악곡이 나타나는 것을 끊임없이 듣는 일이다. 설령 그것들이 음악 전체의 구조 가운데서 변화가 심한 경우에도 그러하다. 그 변화 가운데서 변화하지 않는 것이야말로 우리가 파악해야 할 일이다. 그러지 않는 한 통일되지 아니한 음의 교착만이 들리게 될 것이다.

변화 가운데서 변하지 않는 것을 이해한다고 하는 것은 대단히 의미심장한 것이다. 그것을 본질이라고도 하고, 또는 구조라고도 하고, 혹은 분위기라고도 표현할 수 있다. 우리는 이것을 듀이가 말하는 맥락적 관계로 이해할 수도 있고, 또는 '흐름'으로 이해할 수도 있다.

이와 유사한 일은 잘 아는 바와 같이, 자연을 바라볼 때에도 일어난다. 자연은 끊임없이 순환하면서도 헤아릴 수 없이 많은 변화의 모양이나 부분 현상을 나타내면서 활동하고 있다. 이와 꼭 같은 것이 인간 세계에도 또 인간의 문화에도 나타난다. 한 두 가지의 단순한 의미 요소가 전체를 일관하고 있다. 우리는 단순한 한 조각의 '단편'으로서 일부분만을 가지고는 그 전체의 의미 요소를 발견할 수 없다. 그것의 구성 요소가 일정한 의미의 역할을 하는 의미 연관에 관해서 우리는 주목하지 않으면 안 된다. 자연의 경우에는 자연의 근원적 사상에 관해서, 인간의 경우에는 자연의 품안에 안겨서 정신적인 것으로 올라가는 생명의 근원 현상에 필요가 있다. 진정한 교육자는 여러 개의 단순한 선이나 모양이나 동기 등에 대해서 똑바른 하나의 의미를 가지고 있다. 그러나 그는 타인을 교육하는 과정에 힘쓰기에 앞서서 먼저 자기 안에서 그렇게 '골라잡는 일'에 의해서 질서를 만들어내지 않으면 안 된다.

때때로 소위 '단순한 사례들'을 구성할 수도 있다. 인간의 사고가 어떤 형태 또는 어떤 현상의 구성 법칙을 확립할 수 있다면, 그것은 이해의 최고 단계에 달해 있는 것이다. 왜냐 하면 사상과 사물이 거의 일치해서 동일할 경우에는 진리의 한층 중요한 본질 규정이 충분히 행해졌을 때이다. 그 때 사물은 내면으로부터 비추어져 완전히 밝혀져서 인식과 이해의 최고의 단계, 즉 명백하게 증명할 수 있게 된다. 물론 실제로는 이런 순수한 사상의 구조에 항상 우연히 나타난 여러 가지 사태가 엇갈려 있지만 그 핵심은 명백하게 드러나 있다. 이러한 명백하게 증명할 수 있게 되었을 때 비로소 정말 '모범적으로 가르치는 것'을 말하는데, 이것은 '범례적으로 가르치는 것'과는 다르다. 슈프랑거는 전자를 영혼적 방법으로, 후자는 경험적 방법으로 구분한다. '모범적으로 가르치는 것'이거나 '모범적으로 배우는 것'이 가능한 때이다. 왜냐하면 여기에 실제로 모든 것에 통할 수 있는 것이다. 이것은 '범례적으로 가르치는 일, 배우는 일'의 정반대의 것이다. 즉 경험 법칙을 증명하는 여러 가지 사례를 구할 때는 먼저 얻은 법칙의 세계로부터 풍부한 사실의 출현 가운데로 나아가서 그것이 얼마간 실증되는 것을 알게 된다.

그러나 순수한 사례라고 하는 것은 경험의 혼란에 대한 사상의 승리인 것이다. 수학이 경험에 응용될 때 이것이 명백해진다. 수학은 사고로부터 생긴 명백한 법칙을 기초로 해서 구체적인 것을 구성하기 때문이다.

그러나 이와 같은 또 다른 단순화의 사례는 이것으로 끝나지 아니한다. 관련 있는 의미 요소를 먼저 분류하고 나면 다음에는 종합이 요구된다. 개별적인 것은 모두 개별적이기는 하지만, 그것이 놓여진 위치와 기능에 의해서만 이 '아득히 빛나는 의미의' 전체 안에 있게 된다. 앞서 인용한 기준선이 있을 때만이 전체는 열려지게 되는 것이다.

교육방법의 어느 특수 영역도 모두 여기에 준거하는 특별한 자율성을 향유하여, 마치 물고기가 냇물로 돌아온 것같이 초보자가 그 독자적이고 본질적인 세계 안에서 호흡하고 활동한다면 이것이야말로 아름다운 현상임에 틀림없으리라. 이것이 뮐러의 이른 바 '기초적인 학습'과는 다른 자연적 독자적 세계에서의 '기본적인 풍부'인 것이다. 천부적인 교사는 그의 학생들을 정신의 본질적인 영역으로 인도하여 물고기를 냇물로 돌려보내는 것처럼 그 본래의 내용으로써 학생들의 정서의 메마름을 적셔주고 만족시켜 주겠다는 그 은혜에 관계를 갖게 되리라. 이러한 일이 처음부터 곧 잘될 것인지 아닌지는 아직도 의문이다.

그러나 상대편에게 교육상이 영향을 줄 때에는, 주체 즉 형성하는 주체의 발전 단계도 또한 고려하지 아니하면 안 된다. 어느 인생의 시기에도 그 독자적인 혼의 구조를 가지고 있다. 습득 능력도, 습득 방법도 그 구조로부터 결정되는 것이다. 천부적인 교육자에게는 그의 도야재가 변화한다. 그의 편에서 그것을 받아들이는 것에 대해서 명확한 요구를 한다고 하더라도 저 미법적인 유년 시대로 향할 것인가, 또는 성(性)의 구별을 무시할 수 없는 사춘기로 향하는가. 또는 성년기로 향하는가에 따라서 도야재는 은밀하게 스스로 달라지는 것이다. 예컨대 동일한 역사가 다른 형태로 표현되지 않으면 안 된다. 하나의 테마가 '교육적으로 여러 가지 변화를 해서' 가르쳐지는 형태가 일단 눈앞에 명시된다면 초보자에게는 배우는 바가 많을 것이라고 생각한다.

교재 내용은 교수 대상에 따라서 여러 가지 모양으로 늘어났다 줄었다 하는 것이다. 여기서 도야재가 변화한다 하는 것은 동일한 도야재가 학습 단계에 따라서, 혹은 상세하게 혹은 개략적으로 취급되고, 또는 동일한 교재 내용이 어느 단계에서는 국어과에서, 어느 단계에서는 역사과에서 취급되는 것과 같은 것이다.

그럼에도 불구하고 궁극적인 목적은 현실적인 사물의 이해라고 하는 사실을 교육자는 항상 명심하지 않으면 안 된다. 사물은 단순화되지 않으면 안 된다. 그러므로 '황태자용(皇太子用)'으로 만들어지지 않으면 안 된다고 하는 명제는 임금님도 예외가 없으며, 이것이 처음에는 수학에만 적용되었지만 또 하나의 명제와 마찬가지로 교육의 경우에도 합당한 것이다. 앞의 명제는 교육의 시초에 필요하고, 뒤의 명제 즉 교재의 내용을 순수하게 이해하는 일은 눈앞의 현실적인 목표인 것이다. 이러한 순수한 이해는 그것에 앞서는 심리학적인 '싹을 보호하는 껍질'이 적으면 적을수록 보다 완전하게 성취될 것이다. 이 껍질은 발육의 조성자요 발육을 보호하는 껍질인 것이다. 그 싹이 완전한 이해에까지 성장하면 그 껍질은 벗겨진다. 여러 가지 준비로서의 사고 과정은 도면을 위한 보조선(補助線)과 같은 것이요, 이것은 나중에는 지워지지 않으면 안 되는 것이다.

프리드리히 코파이는 『도야과정에 있어서 풍요의 계기』라고 하는 저서에서 이 새 싹이 분명한 일종의 명증성(明證性)에 도달할 수 있는 영역으로서 어떻게 완전한 의미 이해에 도달하는 형태를 나타내는가에 관하여 많은 예를 제시하고 있다. 그것에 적합한 이해는 수학의 영역에서 가장 순수하게 도출할 수가 있다. 그러나 수학의 예를 전혀 다른 의미 구조를 가진 도야재로 전용하는 일은 주의하지 않으면 안 된다. 스피노자의 깊은 철학적 사색도 윤리적인 이해를 기하학풍으로는 나타낼 수는 없다. 그래서 윤리적인 것을 일반으로 인식론에 의해서 다 처리해 버릴 수는 없는 것이다.

여기 '황태자용 교재'라고 하는 것은, 교육상의 배려에 의하여 프랑스에서는 황태자의 책이 별도로 만들어졌던 사실에서 충분히 교정된 책을 말한다. 또 "사고 과정은 도면을 위한 보조선"이란 말은 불교에서 말하는 줄탁동시(啐啄同時)란 말로 바꾸어 할 수도 있다. 하나의 병아리가 이 세상에 태어나오는 것이 하나의 진리의 생겨나는 것과 같다고 한다면, 달걀 스스로의 부화코자 하는 힘과 주위에 부화가 되도록 외부적인 배려가 함께 작용하여 하나의 병아리가 태어나오게 된다는 것, 즉 병아리가 안에서 밖으로 쪼아 나옴으로서 껍질이 깨지고, 밖에서 안이 부화토록 온도, 습도, 광선 등을 조절해 주는 일이 동시적으로 작용해서 병아리가 태어나는 것을 말한다.

한 마디로 말하자면, 천부적인 교사와 교육자는 풍요하고 착잡하며 형식화 된 정신세계를 성장하고 있는 자의 그때그때의 혼의 발전 단계에 알맞은 단순한 주형으로 환원하는 일에 끊임없이 마음을 쓰고 있다. 도야 가치에 의해서 선택된 '교재'는, 그것에만 계속 용이하게 습득되고 근원 현상이 유사한 구조의 수많은 대상에 대하여 동일한 적용이 가능하게 된다. 문화재를 도야재로 바꾸는 기술과 그 도야재를 교육적으로 구분하는 일은 이리하여 사람은 만드는 자의 정신의 자세를 나타내는 제2의 기본적인 방향인 것이다.

제3장

공동체의
조직안에서

공동체의 조직 안에서

독일의 이상주의자, 예컨대 쉴러나 칼 빌헬름 폰 훔볼트의 말 가운데 종종 "세계를 자기 안에 수용함"에 의해서 사람은 자기형성을 하게 된다고 하는 표현이 나오고 있다. 여기서 말하는 '세계'는 다만 물질적인 것뿐만 아니라, 여러 가지의 인격상, 역사, 현대정신 등도 의미하고 있으며, 이 말에는 주로 정관적 상태(靜觀的狀態)를 상상케 하는 여운이 깃들어 있다. 문학적인 의미의 '형성'은 이와 같은 정관성(靜觀性)으로부터 생기게 되는지 모르나, 도덕적인 교육에는 의지의 형성이 필요한 것이다. 도덕적인 교육은 내부 에너지 형성에 작용한다. 학교의 수업은 객관성, 즉 공평한 사실을 파악토록 교육하지만, 도덕적인 영향은 다른 사람과의 생활 교섭을 매개로 해서만이 할 수 있는 것이다. 헤르바르트는 '교육적인 교수'의 방법을 우선했지만, 그는 이러한 사실을 강조했던 것이다. 그러나 더불어 실존하는 인간에 대해서는 교재에 대해서와 마찬가지로 정관적인 채도를 준수하기란 불가능하다. 그들 인간은 의견이 서로 일치하기도 하고 모순되기도 하며, 요구하기도 하고 독촉하기도 한다. 여기서는 구체적인 생명에 부딪치게 되는 것이다. 그리하여 사람은 또 거기에 반응하지 않으면 안 될 어떤 종류의 대답을 또 하게 된다. 사람은 '책임'을 지고 있다는 수준에서 모든 것을 운영해 나가게 된다.

여기서는 인간 형성에 있어서 도덕적 의미, 도덕 교육에 있어서 의지 형성의 중요성, 실존적 인간 사회의 다양성 등을 주목한다.

천부적인 교사는 도덕적인 교육이 단순히 교수활동에 의해서만 행해지는 것이 아닌 것을 알고 있다. 교수활동이 교육에 공헌하고 있음은 틀림없는 사실이며, 그것이 어떤 방법으로 행해지는가를 해명하기 위하여 '교육적 교수'에 관한 여러 가지 논의가 행해져 온 것도 사실이다. 그러나 계획적인 교수활동이 시작되기 이전에 교육은 오랜 세

월동안 행해져 온 것이다. 그것이 시간적으로 교수활동보다도 오래 행해졌을 뿐만 아니라, 실제로는 훨씬 중요한 것이다. 이 책에서 교육적 가치나 도야재에 관한 고찰을 선행하고 있는 것은, 즉 보다 넓은 어떤 차원을 부가함으로써 표면적인 것으로부터 점차로 구체적인 것에 나아가려는 노력의 표시에 불과하다. 인간 공동체 안에서만, 인간 공동체의 힘에 의해서만 교육은 가능한 것이다.

인간교육은 학교의 교수활동이 시작되기 훨씬 이전부터 시작된 것이며, 그 효과는 인간 일생에 공헌하는 것이다. 그러므로 학교 교육이 생기기 훨씬 이전부터 교육은 있어 왔다. 예컨대 가정교육의 영향이 그것이며, 가족성원의 교육적 관계라든가 조기 교육의 중요성 등이 이를 잘 증명해 주고 있다. 특히 유아기 가정교육에서 좌우되는 인성은 그 좋은 예이다.

개개의 사람들과의 만남은 이미 각자의 본질 형성에 있어서 운명적인 의미를 가지게 되는데, 이것은 누구나 잘 알고 있는 바이다. 이 만남이 때때로 인격을 고상하게 하기도 하고 비겁하게 하기도 한다. 우리는 어떤 집단에 속해 있고 그 집단과 함께 생활할 때 그것으로부터 보다 강력한 영향을 받게 된다. 그러나 이것이 흔히 있을 수 있는 오해의 원천인 것이다. 집단의 정신은 그것이 개인의 정신을 초월하고 있는 것이기 때문에, 그것은 개인이 정신보다는 훌륭한 것이라고 말할 수는 없다. 그래서 '나'에 있어서나 '나'를 넘어서 '우리들'이 형성되는 일이 중요하다고 하는 설명은 오류인 것이다. 적어도 이러한 '우리들'은 도덕적으로 가치있는 정신을 발전시키지 않으면 안 된다.

소위 '기능교육'의 이론도 수정을 필요로 한다. 교육은 항상 의식적인 의욕의 작업이란 사실을 우리는 확신하고 있지 않으면 안 된다. 교육은 하나의 계획에 기초하고 있는 것이다. 소위 '숨은 교육동지', 즉 단순히 존재할 따름인 환경의 제 요소도 성장하는 것에 틀림없이 영향을 주게 되지만, 도덕적으로 나쁜 환경은 나쁜 결과를 주는 것이다. 도덕적으로 좋은 정신으로 충만 되어 있는 환경만이 정신을 고상하게 할 수가 있다. 이상주의자인 독일의 역사가들이 말하는 '도덕적인 힘'이란 우연히 생겨나는 것이 아니다. 그것은 의식적인 순화의 노력에 의해서, 흔히 수 세대에 걸쳐서 구체화 되는 것이다. 옛날의 독일 정신철학의 성과에 접촉하지 못했기 때문에 최근에 와서는 '기능교육'이라고 하면 사람들은 곧 환경을 생각하게 된다.

그러므로 공동체가 있고, 그 안에서, 또 그 때문에 교육이 된다고 하는 것이 중요한 것이 아니라, 말하자면 용기 (容器)와 같은 역할을 하는 공동체의 도덕적인 내용이 중요 한 것이다. 그렇기 때문에 이러한 형성 작용도 결코 방임 해 둘 수는 없는 것이다. 그것이 틀림없이 좋은 '기능을 행 하는' 것은 아니기 때문이다. 그 영향을 골라서 지도하기 위해서는 항상 인간의 존재가 필요한 것이다. 집단정신이 라고 하는 것은 양심에 의한 관리와 끊임없는 순화를 필요 로 한다. 그러나 양심을 가지고 있는 것은 어디까지나 개 개인인 것이다. 개인의 양심이 또 타인의 도움과 지도를 필요로 하는 동안은 교육자의 양심이 결정적인 역할을 하 는 것이다.

진실한 교육자는 이와 같은 철학적인 반성을 거의 하지 않는다. 그는 자기의 생활 활동을 일관해서 작용하는 정 신의 향방을 본능적으로 체득하고 있기 때문이다. 이러한 진정한 정신의 고향은 공동체, 즉 가족이나 학교와 같이 본질적으로 '교육적인 것'이 포함되어 있는 장소이다. 천 부적인 교육자는 이러한 정신을 다른 사람에게 전달한다. 뿐만 아니라, 그는 인간 교화에 봉사하는 종파와 같이 학 생들을 자기 주위에 모으고 싶은 충동을 언제나 느끼고 있 음에 틀림없다.

물이 그릇 모양을 따라 형태 지워지는 것을 말하는 것으로, 공동체의 도덕적인 용기는 바로 양심이지만, 양심이야말로 집단생활의 요체인 것이다. 도덕적인 형은 결코 저절로 생겨나는 것이 아니다. 부단한 노력에 의해서만 양심은 순화되고 강화될 수 있다. 훌륭한 교육자는 이러한 데 대해서 별다른 반성 없이도 훌륭히 교육적인 교수, 도덕적 성과를 볼 수 있는 이유는 그가 자기의 습관적인 행동 속에 조금도 가식 없이 그러한 도덕적인 내용이 생활화되어 있고, 체질화되어 있기 때문이다.

사회학적 교육학의 사명은, 어떻게 하면 국민의 교육이 그 국민의 일반적 사회 구조와 조직에 의해서 규제되고 있는가를 밝혀내는 데 있는 것이며, 교육학적 사회학의 연구 대상은 교육의 영역 가운데서 자라나고, 이 영역에 정말로 적합하고, 이 영역의 중심 사상에 대해서 요구되는 공동생활과 연대의식(連帶意識)의 제 형식(諸形式)인 것이다. 밖으로 부터의 사회적인 규제와, 안으로부터의 규제와의 경계선이 어디에 있는가 하는 것은 개개의 경우에 있어서는 분명하지 않을는지 모르지만, 그러나 안으로 부터의 규제만이 교육자에 의한 형성의 기초로 되어 있는 사실은 틀림없다. 그는 주위의 사회 상태를 있는 그대로 수용하지 않으면 안 된다. 그가 자기를 국민 교육자의 위치까지 높이고 동시에 미력하나마 사회정책가로서 역할을 수행하게 될 때만이 그는 자기의 사명을 국민적인 범위까지 확대시킬 수가 있다. 그가 그 첫 단계로서 어디서부터 착수할 것인가는 이 장의 끝에 가서 논의하겠다. 먼저 우리는 교육 정신이 그 본질에 응해서 가장 순수하게 나타나는 단체 형식으로서의, 현재의─공립 또는 사립의─학교에 관해서 말하기로 한다.

이 아름다운 희망이 항상 꼭 충족되지 아니한다고 해서 하등 이상할 것도 없다. 건물과 교실, 국가로부터 임명된, 또는 다른 형식으로서 임명된 교장, 교칙이나 시간표 등의 이러한 형식들만 가지고 교육의 참다운 정신이 실현된다고 할 수는 없다. 그것을 실현하기 위해서는 여러 가지 고상한 내용들이 갖추어져 있더라도 정작 실현시킬 수 없는 특수한 방식의 감동이 필요한 것이다. 어떤 집에서는 휘황한 불빛이 빛나고, 다른 집에서는 가련한 불빛이 깜박이는 이유가 어디에 있는지 좀처럼 말로 표현하기란 어려운 일이다. 그러나 여하간 일단 그 집에 한 발자국 발을 들여놓기만 하면 곧 그 이유를 의식하게 되는 것이다.

교실 분위기를 잘 지배하기 쉬운 수동적인 피로상태를

극복하는 길은 모두들 서로가 잘 이야기하고 각자가 자기들에게 흥미 있는 것을 얻으려고 노력함으로써만 가능하다. 흥미라고 하는 것은 '참여하고 있는 것'을 말한다. 무엇에 열중하는가 하는 것은 사람에 따라서 다르다. 얼마 동안 학생들 개개인을 자유롭게 해준다고 교사가 권위를 상실할 리는 없다. 교사는 학생을 분명히 웃긴 뒤에 전체의 열띤 분위기를 곧 다시 엄숙한 기분으로 바꿀 수도 있다. 교육의 의무는 언제나 즐거운 정열을 보급하는 일이다. 교사의 목표는 그 정열을 가지고 학생의 정신을 성장시키는 것이다. 이러한 정열(감정)이 일어날 때는 거기에 좋은 공명판(共鳴板)이 있는 것이며, 아직도 그것을 바랄 수 없을 때에는 최선으로 고안된 교육과정에도 무엇인가 또 조정의 필요성이 남아 있음을 뜻한다.

교육 방법상의 논쟁가운데 흥미만큼 다양한 것은 없을 것이다. 슈프랑거는 흥미를 '참가하는 것'이라고 하고, 듀이는 '나와 작업간의 관계 맺음'이라고 하고, 퇴계는 '온전히 몰두하는 것'이라 한다.

학교는 단순히 교육시설일 뿐만 아니라, 청소년들의 생활 공동체이지 않으면 안 된다ㅡ. 가령 학교가 하루 종일 사용되는 것이 아닐지라도ㅡ물론 생활 전부가 공동체 안에서 행해지는 편이 보다 많은 성과를 내게 된다. 그렇다고 해서 가정에서 교육하는 권리가 박탈되어서는 안 된다. 오히려 가정과 학교 사이를 줄로 연결하여 그 줄로써 아동이 결코 양쪽으로부터 분열되지 않게 하고, 자신 없이 모색만 하고 있는 가정을 훌륭한 교육정신으로써 감싸주는 것이야말로 특별한 하나의 교육기술인 것이다. 이러한 일이 성공하는 수는 드물지만 가치가 있는 것은 틀림없다. 왜냐 하면 젊은 혼을 진정으로 감화시키는 데는 신앙이 마술에 의존되었던 시대에 경건(敬虔)한 외경(畏敬)의 염원으로서 관찰된 것 같은 일종의 신들림, 즉 마음에 접촉되는 것, 아니 감염되는 것이 필요하다. 즉 진정한 교육자는 그 나름대로 하나의 마술사요, 사람의 마음을 사로잡는 자인 것이다.

교육 활동에 있어서 이렇게 많은 요청이 세분되어 있다고 하는 것은 틀림없이 우리들 근대 문화가 세분된 데서 유래하는 나쁜 결과인 것이다. 우리 독일에서는 어버이와 함께 사는 집 근처에 이전부터 학교가 세워졌고, 학교를 통해서 동시에 국가가 영향을 주고 있다. 어느 직장에 있어서나 뒤떨어진 자를 교육하기 위해서 독자적인 설비를 갖추지 않으면 안 되었다. 그래도 간단한 공장이나 현실적인 경제 상황에서는 그것도 되지 못하여 그런 것을 보충하기 위해서 학교가 필요하게 된 것이다. 거기에는 자유로이 자란 청소년들이 참가하고, 최후에는 정신에 기초하는 교육에의 본질적인 참여의 필요를 교회가 요구하기에 이르렀다. 세속적인 것에 마음이 쏠려 있는 다른 '교육의 자격을 가진 사람들'과는 분명히 고립되어 있지만, 교회는 틀림없이 오늘날 종종 그 본질적인 요구를 이행하고 있다.

교육에 대한 독일 국민들의 열성은 대단히 크다. 말하자면 교육을 학교만이 부담하고 있다는 생각은 독일인에게는 납득이 가지 않는 이야기로, 가정도 직장도 교회도 클럽도 집회도 노동조합도 다 같이 교육적인 배려 하에서 운영된다. 특히 서양에 있어서 교회 사원의 교육적 공헌은 대단히 크다. 중세기에는 교육이라 하면 곧 교회를 연상할 정도로 교회의 교육적 기능이 강조되었고, 이러한 전통이 유럽에 있어서 사립학교 특히 종교단체에 의한 교육사업을 번창하게 한 기초가 된 것이다.

이 점에서 학교가 그 본래 사명에 대한 본질적 변화를 나타내게 되었다. 서양에 있어서도 학교는 본시 사원학교로 부터 출발했다. 그 뒤에 보조적으로 학문적, 예술적인 정신재를 전하는 사명을 부담하지 않으면 안 되었다. 이 '보조적인 것'이 점차 중요시 되어 갔다. 재래의 시설을 국가가 인계받아서 넓은 범위로 교육의 의무를 부과했다. 가정이 그의 교육의 책임을 완전히 벗어난다는 것은 결코 있을 수 없다고 생각된다. 우리는 가정이 지금도 교육에 대해서 훌륭한 의지를 가지고 있다고 낙관하고 싶고, 또 그렇게 강조하고 싶다. 그러나 가정에서는 지금 — 그 책임이 누구에게 있든지 그건 상관없지만 — 확고한 정신적 본능과 그것으로부터 생겨난 확고한 교육의 전통이 때때로 상실되고 있는 것이다. 그래서 교육의 장(長)으로서 학교가 그 선두에 서는 결과가 된다. 학교가 그러한 것을 자각하고 그의 본래의 주요한 교수의 사명을 다시금 넘어서서, 시대와 더불어 진전하여 왔음을 우리들은 학교에 감사하지 않으면 안 된다. 학교는 틀림없이 청소년의 생활 공동체가 되고 있다.

아직도 당분간 학교에는 하나의 결점을 가지고 있다. 즉 그것은 학교의 기원으로부터 분명한 사실이지만, 교육이 궤변적이란 사실이다. 학교의 어느 벽에도 "여기서 교육하고 있다."고 써 놓지는 않았지만, 눈에 보이지 않는 곳에 그와 동일한 의미의 현수막이 붙어 있는 것이다. 경제상의 경영이 있는 것과 마찬가지로 진정한 의미의 교육의 경영도 있다. 학교의 2차적인 특별한 임무가 매우 표면에 나와 있기 때문에 끊임없이 그것은 가까이 있고, 보이며 들리게 되는 것이다. 건전한 교육 정신을 가진 어버이의 집에서는 그러한 일이 없다. 그곳에 발을 들여놓은 사람에게 끊임없이 어린이가 보호되고, 지도되고 있는 기분을 일반적으로 하나도 주지 않는 것이다. 교육은 조용하게 스스로 행해지는 것이다.

교육은 가장 조용히, 그리고 은밀하게 행해진다는 것이다. 어머니가 아이에게 사랑을 전시하지 않고 자연스런 애정으로 돌보는 것과 같이 교육도 은밀하게 자연스럽게 행해진다. 특히 영혼의 연결을 중시하는 교회는 전시적·웅변적인 교육이 필요치 않다.

교육과 교수가 전문적인 직업으로 되고, 그 위에 국가로부터 인가된 직업으로 된 뒤부터 우리는 하나의 오류에 빠져 있는 것 같다. 그것은 천부적인 교사의 행동을 끊임없이 주의하고 있지 않으면 안 된다. 그는 끊임없이 조정하면서 교육에 임하고, '군중의 모범'으로서 행동하며, 교육이 목표로 하는 탁월한 인격상이 천상이 광명처럼 그로부터 빛나지 않으면 안 된다고 착각하고 있는 것 같다. 이래서는 교육의 희화(戱畵)와 크게 다를 바 없다고 느끼지 않는 자는 없다고 말함으로써 만족한다. 진정 정신적인 것은 조용한 가운데 성취되는 것이다. 가장 강한 영향은 비둘기의 발자국처럼 조용하게 오는 것이다. 끊임없이 경영의 특별한 소음을 동반하고 있는 것 같은 영업을 우리가 교육으로 경영할 수는 없다.

경영도 대단히 필요할지도 모른다.―그러나 우리들은 여기서 하나의 이상을 꿈꾸고 있는 것이다. 즉 당연한, 그래서 눈에 뜨이지 아니하는 그 행동이야말로 완성된 교육자의 자세를 나타내며, 교육을 지향하는 공동생활이 숙련된 자와 성장하는 자들과의 진정하고 참다운 교류요, "여기서 교육하고 있노라"고 소리 높여 부르짖지 아니해도 거기에서 가치 있는 많은 것들이 성취되고 있다는 이상이다. 이것이 원칙이 아닐는지?

물론 '긴급상태'라고 하는 것도 있어서, 이러한 조용한 의도(意圖)가 보다 노골적으로 나타날 수도 있다.

만약에 여기서 누군가 도대체 어떻게 해서 그와 같이 훌륭한 목표에 도달할 것인가를 보다 상세하게 가르쳐 달라고 하더라도, 미안하지만 그 사람에게 교육학 교과서의 특정한 장(章)을 정해 줄 수는 없다. 그렇지만 당초 오해되기 쉬운 '천부적인 교사'라고 하는 말의 표현은 그것이 의미하는 연관을 보다 명백하게 함으로써 개선할 수 있다. 교육자에게 필요한 특성이라고 함은 인식에 기초하는 것이 아니기 때문에, 가르칠 수도 배울 수도 없는 것이다. 무엇보다도 먼저 그에게 필요한 것은 끊임없는 자기 훈련인 것이다. 진정한 교육자는 자기에 대해서 완성한 자기 교육의 측도에 의해서 살고 있다고 주장할 수도 있다. 자기 교육을 할 때 축적한 에너지와 방법론과의 자본을 다른 사람을 교육할 때의 푼돈으로 매일 거슬러 내주는 것이다. 이 자본은 결코 끝이 없는 것이다. 가령 자기의 체력이 전부 다 되었다고 하더라도 동일하다고 하는 것은 놀랄 만한 일이다. 교육자처럼 긴장한 업무에 종사하는 이들은 체력의 소모라고 하는 위험에 언제나 마주치고 있다고 하는 것은 말할 필요도 없는 것이다.

교육을 예술이라고 하는데, 여기서 말하는 천부적인 교사는 그러한 예술적 경지의 교사를 말한다. 예술은 인식에 기초하는 것이 아니라 감정의 발휘요, 그러나 감정에 사로잡히지 아니하고 이성을 추구하니, 그것은 감정이나 이상의 어느 쪽도 다 초월한 경지인 것이다. 교육자는 항상 자기의 자본으로서 교육의 기술을 축적하면서 소모하는 것이기에 결코 그 자본이 고갈되는 법이 없다. 오히려 좋은 수맥처럼 소모하면 할수록 더욱 신선하고 풍부한 샘물이 솟아나는 것이다.

이러한 연관으로 보더라고 규율의 유지가 얼마나 중요한가 하는 것은 명백한 사실이다. 많은 사람들은 이러한 천분을 태어나면서부터 갖추고 있다. 이러한 천분을 갖추지 아니한 사람은 다른 면에서는 대단히 존경받을 만한 인물일지라도 진정한 교육자로서는 본질적인 것이 결핍되어 있는 결과가 된다. 질서를 유지하는 본능을 사람들은 또 '배울 수'는 없다. 우리는 오히려 자기의 혼을 주의깊이 조사해서 의지력과 복종심과의 균형이 잘 잡혀 있는지를 알아야만 한다. 자기를 확실하게 지배함으로써 남을 지배하는 것이 시작되는 것이다. 외부적인 강제 수단은 그리 큰 효과가 없다. 내부의 질이 결정적인 역할을 하는 것이다. 물론 그 위에 필요한 것은 청소년의 여러 가지 성장 단계에 응해서 그들에게 외경(畏敬)의 염원을 부여하는 특별한 특성인 것이다. 이 특성을 가지지 아니하는 자는 현자의 지혜를 많이 줄 수는 있어도, 그가 우리들이 말하는 천부적 교사는 아니다.

이상의 사실을 요약하면, 적어도 의식적으로 과장해서

말하자면, 진정한 인간 교육자는 교육적이 아닌 생활 공동체를 교육적 정신을 가지고 충만하게 하고, 너무 지나친 교육 과잉의 생활 공동체는 이것을 중화시키는 성질을 항상 가지고 있다고 말할 수 있으리라. 후자의 의미는 조형예술가가 자기의 보조적인 구도(構圖)를 보이지 아니하는 것과 마찬가지로, 교육자도 자기의 직업적 기구와 같은 것은 될 수 있는 대로 감춘다고 하는 사실이다. 그 이유는 그 의도가 남에게 눈치 채게 되면 기분 나쁘다는 것만이 아니다. 더욱이 중요한 것은 교육자는 자기를 신뢰하고 있는 사람들 가운데서 충실하고 성숙한 인간적인 것이 자기 주위에 자유롭게 확대될 것이라는 사실이다. 말을 바꾸어 하자면, 우리가 모범이 아니라고 생각할 때만이 모범적일 수가 있다고 하는 사실이다. 우리가 사랑하려고 하면 이미 사랑 그 자체는 변질하고 마는 것이다.

정신생활의 구조로부터 보다 당연히 말할 수 있는 사실은, 성장하는 인간의 조종기를 올바르게 활동시키려고 하는 교육이 개인의 혼에 진정한 충격을 주기 위해서는 집단인 공동체나 학교를 해체할 수밖에 없다. 집단 교육이란 것은 약식의 표현인 것이니, 사람은 집합명사를 직접으로 교육할 수는 없는 것이다. 혼을 가지고 있는 개인뿐이기 때문에 개인을 초월한 모든 객관적인 것을 의식하고 있는 것은 개인뿐인 것이다. 그렇기 때문에 중요한 것은 개인인 것이다. 그러므로 민주국가는 주의 깊이 개인의 자유를 보호하는 것이다. 또 개인이 교육되는 것은 전체를 위해서도 본질적으로 중요한 것이다.

그렇지만 역(逆)으로 개인을 초월한 여러 가지 정신력이 있어서, 개인의 혼에 교육적인 충격을 주지 않으면 안 될 때에는 그것이 전제가 되지 않으면 안 된다. 초개인적인 정신력은 아깝게도 우리들의 주위로부터 암흑 속으로 사라지고 없기 때문에 그 하나만을 여기서 상세하게 설명하기로 한다. 그러나 이 정신력은 교육의 업무에 있어서는 불가결의 매개체이기 때문에 그것이 소멸하고 있다면 교육자는 그것이 소멸하지 않도록 노력하지 않으면 안 된다. 나는 국민도덕을 말하고 있는 것이다.

인간의 조정기를 바로 활동시키는 교육은 영혼을 움직이는 일이요, 영혼은 개인만이 가지고 있다. 그러므로 인간의 조정기를 바로 활동시키는 교육은 개인으로부터 출발해야 한다는 논리는 일반적으로 타당하다. 그러나 개인을 초월하는 정신력도 있다. 즉 집단 교육이 중요하다 는 것은 이 초월적인 정신의 도야에 있는 것이다. 국민도덕은 이 집단정신의 대표적인 것이요, 국민도덕이 국민 개개인의 정신 및 도덕적 규범의 통합이라고 해서 집단을 해체하고 개인의 정신을 먼저 교육해야 한다는 논리는 수긍될 수 없는 것이다.

도덕적인 것은 두 가지 형태로 나타난다. 그 하나는 대다수의 사람들에게 인정되고 지켜지는 공동생활의 규범적인 질서이다. 공통적으로 긍정되는 가치가 여기에 나타난다. 이것을 토대로 해서, 또는 이것을 배경으로 해서 개인의 도덕적인 체험이나 태도가 길러진다. 이것이 다른 하나의 개인적 도덕인 것이다. 언제든지 개인은 권위가 있고 주위에서 인정된, 그래서 때때로 심지어는 신성화된 도덕적인 규칙에 종속하고 있다. 하나의 언어권 가운데 탄생되는 것과 마찬가지로, 개인은 그러한 가치 질서 가운데 탄생되는 것이다. 그렇지만 자기 자신 안에 또 하나의 다른, 대단히 신비적인 법정을 발견하게 된다. 즉 개인적인 결단의 아주 독특한 상황들에 의해서 날카로워진 양심의 사실이다. 이 두 가지의 힘, 외부의 초개인적인 것과 내부의 지극히 고독한 것과는 상호가 충돌하는 수가 있다. 이리하여 도덕적인 신대륙이 발견되면, 대리로 싸워온 개인적인 결단은 아마도 일반적인 의식으로 바뀌어 점차 공인된 도덕적 규범으로 고정되는 것이다. 이와 같은 교호작용(交互作用)에 의해서 도덕생활은 완성된다. 이러한 개인주의가 국민사이에 널리 퍼졌을 때, 즉 개개인이 도덕의 권위로부터 건전하게 해방되었을 때 비로소 철학적인 반성이 시작되는 것이다. 그러므로 철학적인 반성은 전통적인 규칙보다는 개인도덕의 이론을 많이 포함하고 있다.

우리가 사회생활을 하는 데는 기본적으로 두 가지의 도덕원리를 고려하게 된다. 하나는 규범적인 질서이고, 다른 하나는 양심을 기초로 하는 개인 도덕이다. 때로는 집단의 공약으로서 사회적인 규범과 개인은 양심은 충돌하는 수도 있다. 그러나 그 충돌에 의하여 다시 새로운 도덕의 영역이 개척되고 그래서 철학적 반성이 요청된다. 슈프랑거는 사회적 규범이나 양심이 교호작용하는 것으로 설명하고 있다.

집단도덕이란 도대체 무엇이며, 그것이 어떻게 해서 사회적인 전체의 위에 살아 있는가에 대해서 간결하게 진술하는 것은 어려운 일이다. 그러나 그것의 가장 중요한 얼마간의 윤곽을 여기에서 진술할 필요가 있다.

도덕이라고 하는 것은 명백한 독단론으로서 전개되는 그런 체계는 결코 아니다. 도덕은 살아 있는 바의 변화로 나타낸다. 즉 국민의 다양한 문화사정과 변화에 의해서 도덕은 다르게 나타난다. 18세기의 영국의 도덕 철학이 올바르게 관찰한 바와 같이, 개인의 의지에 의해서 결정한 태도에 대하여 전체 '일반인'이 찬성하느냐 반대하느냐의 반응에 의해서 도덕이라는 것이 파악되는 것이다. 이와 같은 가치 판단의 원천은 신비적인 것이다. 도덕의 초점이 개개인의 행동에 놓여 지면 개인은 도덕으로부터 좋은 평판이나 나쁜 평판을 받게 된다. 이와 같이 명예를 주고 빼앗고 하는 것이 도덕에 허용된 유일한 실현 수단인 것이다. 법률은 개인이나 건물 등의 눈에 보이는 도구를 기초로 해서 필요할 때는 강제할 수도 있다. 도덕은 법률보다도 파악하기 힘들다. 도덕은 분위기와 같이 작용하는 것이다. 그러나 도덕을 배반한 자가 한번 부정직(不正直)이라든가, '파렴치한'이라는 낙인이 찍히게 되면 그 사회 안에서 처신하기가 매우 어렵게 된다.

도덕이 독단일 수는 없다. 그러나 그것이 보편적인 규범이라고 해서 아무에게나 승인될 수 있는 것은 아니다. 그러나 어떤 연유로서든지 일단 도덕적인 평가가 나쁘게 내려졌을 경우, 그 피해자로서 개인은 그가 속한 집단생활에서 거의 멸시의 눈을 피할 수가 없다. 범죄가 누범적으로

범하게 되는 하나의 원인은 이러한 도덕적인 판단이 그 사람의 인간성에까지 확대되고, 또는 그 이름과 함께 인정됨으로써 좀처럼 지워지지 아니하는 데 유래하는 경우가 허다하다.

많은 도덕적 요구는 이미 생활 질서 가운데(결혼이나 가족과 같이) 고정되어 있다. 다른 요구는 여러 세대에 걸친 도덕적인 체험을 나타내고 있는 격언이 되어 유포되고 있는 것이다. 드문 사례이지만, 교육의 체계로서 쓰여진(법전이 된) 도덕도 있다. 국민의 정신적인 지도자들이 이 일에 착수했을 때는 그 국민의 진정한 도덕의 창조기는 이미 지나간 것이다.(공자, 모세 그 이후의, 소위 덕의 전형적인 저자들이 이런 단계의 보기이다.)

하나의 국민 또는 하나의 계급에 '타당하는' 도덕이라고 '하는 것'에 관해서 우리가 곰곰이 생각해 볼 때, '말이란 것'이란 표현과 마찬가지로 그것들은 좀 덜 다듬어진 단순화임을 알 수 있다. 말이나 도덕의 살아 있는 개개의 표현의 무한한 변화는 정말 아무도 다 파악할 수 없는 것이여, 다만 얼마간의 기초 구조라든가, 한 둘의 기초적인 평가만 파악할 따름인 것이다.

도덕을 본질적으로 이해한다는 것은 어려운 일이다 더

구나 어느 국민의 도덕이나 어느 계급의 도덕을 이야기할 때 더욱 더 그 명확성이 드러나는 것이다.

도덕의 '법정'은—이 표현은 이미 법률의 분야로부터 차용한 불충분한 비유이지만—보이지는 않는다. 그 법정의 대리를 하고 있는 것이 그 내용의 괴상한 '소문'인 것이다. 도덕이 개인을 속박하고 있는 틀의 가장 분명한 원형은 촌이나 도시의 인인조직(隣人組織)인 것이다. '일반인'이 형편 없는 심리학이나 정말로 평균치적인 가치기준을 행사하는 것에 불과하다. 왜냐 하면 도덕은 분명히 외부에 나타나는 행위만을 평가할 뿐 아니라, 전 인간의 가치평가를 내부의 핵심, 즉 그 의지까지도 평가하는 것이다.

도덕을 심판하는 판관은 소문이다. 비록 실제는 그렇지 않더라도 일단 그것이 소문으로 번지기 시작하면 걷잡을 수 없고, 거기에 따른 도덕적인 낙인도 지우기 어려운 것이다.

개인이 개별화하여 자립성을 가진 시대에는 역사적으로 발전한 도덕과 같은 것은 거의 생각할 수 없는 것이 보통이다. 그러나 개인 도덕의 발전을 위해서 도덕은 여전히 그 전제조건이요, 그것의 가치판단은 개인의 양심의 갈등에 영향을 미친다. 도덕 그 자체는 또 지도적인 정신의 고독한 양심의 결단으로부터 영양을 보급 받고, 무수한 세대의 지혜를 축적해오고 있다. 도덕이란 사회와 개인과의 사이의 이해관계의 조정 이외에 아무 것도 아니다. 그러나 나아가서 자기보존과 사회의 '이익'에 유익한 것이란 의견은 사회공리주의의 오류요, 그 가운데서도 특히 허버드 스펜서는 아식도 영향을 미치고 있다. 도덕적인 체험은 대단히 깊고 형이상학적인 것이나, 종교적인 것에로 귀결되는 것이다.

스펜서는 영국의 근대적 교육사상가로, 그의 '교육론'은 대단히 중요하다. 그는 교육의 영역을 지육(智育), 덕육(德育), 체육(體育)으로 대별하고, 교육의 내용을 다음과 같은 다섯 가지 큰 영역으로 나누었다. 즉 ① 직접 자기보존에 유익한 활동, ② 생활필수품을 확보하기 위한 간접적인 자기보존에 유익한 활동, ③ 자손을 육성하고 훈육하는 것을 목적으로 하는 활동, ④ 적당한 사회적 정치적 관계를 유지하는 활동, ⑤ 생활의 여가를 이용하고 취미 및 감정의 만족을 위한 활동이라고 했다.

오늘날에 있어서도, 아직 자라나고 있는 젊은이는 자기의 주위에 살아 있는 도덕적 권위에 의해서 자기의 태도를 정비하는 것이다. 도덕이 나쁘면 타락을 부르게 되고, 도덕이 순수하면 도덕 그 자체가 풍부한 영향력을 가진 교육적인 것을 나타내게 되는 것이다. '기능교육'이라고 하는 표어가 의미하고 있는 것이 아마도 이것일 것이다. 도덕이 오늘날 어찌하여 약화됐느냐에 관해서는 여기서 상술할 필요가 없다. 도덕이 행동의 기준적 기능을 완전히 정지한다면 대단히 소박한 도덕적 결정조차도 각 개인에 의해서 다시 한 번 처음부터 전연 개인적으로 쟁취하지 않으면 안 된다는 사실쯤은 누구에게라도 명백하리라 생각한다. 여러 가지 도덕적 기본 태도에 관해서 말하자면, 우리는 실제로 그것들은 오늘날 '스스로 명백한' 것이라고 해도 좋다. 그러므로 가장 중요한 결론은 다음과 같은 것이다. 즉 그 때 그 때 합당하는 국민도덕과, 그것의 특수성에 응한 "상황과 환경"은 개인의 도덕적인 판단의 전제요, 적어도 공동생활의 평균적인 수준을 확보하는 것이다.

이상의 철학에서 빌려 온 긴 여담이 이 책의 주제와 전적으로 본질적인 연관을 갖는다면, 여담으로 거치지 않고 시인할 수도 있으리라. 천부적인 교육자는, 진실한 도덕의 수호자로서 자각하고, 그것을 자기의 책임으로 느끼는 것이다. 설령 그가 결정적인 교육의 충격을, 언제나 개인의 도덕적인 조정기로 밖에 부여하지 않을지라도 그렇다. 이리하여 '천부적인 교사'란 개념을 참다운 국민교육자의 개념에까지 확대해도 결코 그것이 자기 멋대로하는 짓이 아닌 것을 알 것이다. 이것은 교육자의 행동을 조건지우는 생활과의 관련으로부터 생겨난 것이다. 완전히 부패한 사회에 있어서는 소크라테스가 즐겨 쓰던 말과 같이 성장하는 자를 '보다 좋게 만드는' 것이 아니다. 루소는 이러한 상태에서 자기의 제자를 파리의 계몽 문화의 독기로부터 주위의 안전한 곳으로 옮김으로써 구제할 수 있다고 믿었다. 그래서 그는 교육학에 있어서 '고립주의자'가 되었다. 그러나 그는 '에밀'은 단순히 사상의 실험에 불과할 따름이지 결코 실제의 교육이 아닌 것을 믿고 있었던 것이다. 이 책은 단순히 교육자를 향한 것일 뿐 아니라, 동시대의 일반인도 향하고 있었던 것이다. 그는 자기 주위의 일반도덕을 비판했지만 그것이 또 교육적인 의미도 가지고 있었다.

천부적인 교육자는 도덕의 수호자 또 도덕을 수호할 책임을 가진 자인 것이다. 그러기에 그는 문화의 부담자로서 책임과 동시에, 국민교육자요 역사의 창조자인 것이다. 이런 점에서 볼 때 루소가 에밀을 도회지에서 떨어진 한 시골에서 교육코자 하는 이상은 그것이 설령 이상이라

할지라도 도덕적인 의미의 책임을 면할 길이 없다고 하는 것이 슈프랑거의 견해이다.

천부적인 교사는 어느 시대에도 도덕적인 영역의 파수군의 역할을 한다. 이때 그가 그런 파수군의 역할을 하는 데 무슨 신기한 힘을 발휘하는 것이 아니다. 그는 도덕 그 자체와 마찬가지로 그가 할 수 있는 일을 판단하고 결단을 내리는 일이다. 우선 그는 자기가 영향을 줄 수 있는 좋은 범위를 정화하려고 노력한다. 그래서 그는 아마도 책을 쓰고 방송에 의해서 말할 수도 있었다. 여하간 그는 성장하는 자에 대해서 책임을 느끼고 있다. 시민대학 강좌의 노력에 대해서도 무관심하지는 않을 것이다.

만약 진실로 교육자라면, 자기의 사명감에 의해서 자라는 아이들의 도덕적 순화에 대해서 항상 고심하고 노력할 것이다. 그래서 그는 장소를 가리지 않고 사회정화에 헌신할 것이다. 교사는 항상 자기 일신의 수고가 사회발전의 거름이 되도록 노력해야 하기 때문이다.

그러나 그가 이러한 학교의 좁은 경계를 넘어서 자기정신의 빛을 멀리까지 보내려고 한다면 그 때는 내가 여기서 국민도덕이라고 한 초월적인 것의 구조를 얼마간 알고 있지 않으면 안 된다. 아니, 앞서 진술한 이상의 것을 알고 있지 않으면 안 된다. 그 때문에 그는 신중하게 노력하지 않으면 안 된다. 그가 향토학이나 민속학의 동지라면 풍속에 관한 자기의 연구에 의해서 이 두 가지 학문에 가치 있는 공헌을 할 수도 있으리라. 오늘날의 민속학이 고뇌하는 것은 자기 학문의 본래의 중심 부분이 거의 밝혀지지 않고 있는 것이다. 즉 민속학은 넓은 범위의 자료를 수집하지만, 국민도덕이라든가 국민종교와 같이 명백한 경계를 줄 수 있는 하나의 생활 구조 가운데 그들의 자료를 공급할 수는 없는 것이다. 이러한 일을 하고 아니하는 것은 교육자의 자유일 것이다. 그렇지만 이렇게 해서 참된 국민교육자가 실제로 자기의 사명을 다 하는가의 의문에 대한 답으로서, 나는 최후로 하나의 책략을 제시하고자 한다. 현대의 마술적인 주문(呪文)은 그것을 오래 숙고해 볼 때에만 효력을 발휘하는 것이다. 다음에 간단히 그 의문스런 말을 열거해 보자. 공동체 안에, 공동체에 의한, 공동체를 위한 모든 교육은 그 지렛대의 업무를 명예의 개념을 조정하는 데 두고 있다.

'개념'이란 여기서는 말할 것도 없이 단순한 견해가 아니라, 행동의 기준이 되는 태도를 말한다. 여기에 하나의 순환이 나타난다. 우선 첫째로 도덕의 권위가 주장된다. 즉

"너에 관해서 내가 무어라고 말하는가? 너에 관해서 다른 사람들이 무어라고 말하는가?"라고 하는 것들이다. 이것이 최후의 법정이 아님은 그 때에 체험된다. 이것이 서서히 도움을 받으면서 개개인의 자기비판보다도 가치가 있다. 즉 여기서 말하는 자기라고 하는 말 가운데는 깊은 형이상학적인 연관이 생동하고 있기 때문이다. 자기 자신에 대한 명예라고 하는 것이 있다. 그러나 자기비판이나 양심에 의해 비난받는 것은 누구일까? 이것은 우연한 개인으로서의 내가 아니라, 나보다 높은 자기를 통해서 이야기되는 신의 소리인 것이다. 그 소리에 따르는 것은 정말로 명예로운 일이지마는 인간이 신 앞에서 '명예'를 손에 넣는다는 말은 이상하게 들릴지도 모르니 신 앞에서 순수하게끔 힘쓴다고 말하기로 하자. 이 마음의 순수성으로부터 자기가 속한 공동체에 역으로 작용시키면 그는 보다 높은, 보다 좋은 척도를 공동체 안에 적어도 자기의 제한된 영역 가운데 확립하게 된다. 이 척도가 인정되면 도덕의 권위는 높아진다. 이렇게 순환하는 가운데서 천부적인 교사는 조용히 지도의 손을 겸허하게 내밀어서 성장하는 자들의 명예의 개념을 조정하려고 시도하는 것이다.

제4장

교육 목표와
도야이상

교육 목표와 도야 이상(陶冶理想)

  사실 지금까지의 모든 설명은 다 공중에 떠 있는 것이
다. 지금까지 말해온 것은 교육의 의도에 관해서 이고, 문
화재가 그 의도에 응해서 가질 수 있는 가치에 관해서 이
며, 교육의 공동체 및 국민도덕이나 개인도덕의 육성에 관
해서였다. 그러나 어떤 방법으로 교육할 것인가에 관해서
는 아직 전연 언급되지 아니했다. 천부적인 교육자의 혼
가운데는 그의 행동의 기준이 되는 도야의 이상과 같은 것
이 확실한 형태로서 존재하지 아니하는 때문일까?

  현대 세대의 독일 젊은이들은 규범이 되는 인간상을 자
유로이 생산해 낼 수 없다 하는 말이 최근의 새로운 커리
큘럼의 서문에 실렸을 때 매우 소란스러웠다. 그러나

우리가 가슴에 품고 있는 교육 이상에 관해서 곰곰이 생각해 보면, 모든 사람에게 다 승인될만한 교육 이상의 형태란 발견할 수 없다고 하는 결론을 얻었던 것이다.

보편적인 개념의 교육 이상이란 실제로 존재하지 않는 것임을 말한다. 왜냐 하면 어떤 보편적 개념의 교육 이상도(실상은 그런 게 없지만) 교육 실제에서는 엄밀한 의미에서 개별적으로 타당한 것이지 결코 보편적이 아니기 때문이다. 보편의 기초가 개별성에 있다는 말이다.

도야의 이상을 '설정'하는 일은 본질적으로는 위험한 모험이라고 많은 사람들이 공격해 왔다. 이 도야, 또는 형성이라고 하는 말은 처음에는 외부적인 형태를 나타냈다. 조형 예술가의 과업은 그가 이상적 형태를 바라보면서 이상적인 형태의 모사(模寫)를 현실 가운데에 창조하는 일이라고 플라톤은 말했다.

빙켈만과 그의 신인문주의의 제자들 일파는 이 도야란 말을 완전히 정신화 했다. 그러나 이제 이 도야는 전연 다른 소재와 결합해서 점토나 돌 대신에 살아서 성장하는 인간의 혼이 소재가 되어 있다. 그들의 육체적 정신적인 천분으로부터 이념이 요구하는 것을 빼 낼 수 없다면, 도야의 이상은 쓸 데 없는 것이 된다. 육체와 정신과의 비극에 관해서 보고하지 않는 교육자가 있을 것인가! 저 플라톤의 비유는 부적당한 것으로서 오히려 버려도 좋으리라.

플라톤에 의하면, 교육의 목적은 이상적인 인간이라 했는데, 이 이상적 인간은 현실에는 있을 수 없다. 즉 육체는 모든 사악의 근본이며 영혼적 '이데아'야 말로 최고선의 경시라고 했다. 그러므로 인간이 "이데아"의 세계에 도달하기 위해서는 부단히 육체적 물질적 현실을 초월하지 않으면 안 된다. 그렇다면 결국 교육의 궁극적인 이상으로서 '이데아'에 도달하기 위해 인간은 육체를 떠나야 한다는 결론이 나온다. 인간이 육체를 떠난다는 것은 죽음을 의미하는 것이다. 그렇다면 교육은 인간의 육체를 죽이는 데 진력해야 할 것이다. 그러나 교육은 죽이는 것이 아니고 살기 위한 것이라면 어떻게 해야 할 것인가? 그래서 플라톤은 이 아이러니를 "살면서 죽음을 연습한다."고 했다. 그래서 인간은 가상의 현실을 떠나서 육체를 가지고서도 '이데아'에 접근하게 된다고 한다.

다른 한편으로 또 강력한 모든 국민의 앞에서 이상적인 인간상이 있어서 모든 교육의 방식을 규정한다고 하는 사실도 부정할 수 없다. 이와 같은 이상적인 상도 마침내는 아마도 앞서 말한 지배적인 도덕 내용의 하나라고 할 수도 있을 것이다. 이것도 마찬가지로 "공중에" 떠 있는 것이다. 이상상(理想像)의 상이란 것이 너무 과도히 주장된다고 한다면 다음 사실을 지적하지 않으면 안 된다. 국립이든 사립이든, 어떤 학교라도 적어도 도야 계획을 가지지 않으면 안 된다고 하는 사실이다. 이 학습 계획을 통해서 이미 무언가의 이상적인 인간의 정신상이 빛나고 있는 것이다. 즉 그 상이 '앞에 떠 있는' 것이다. 그런데 아주 다른 종류의 학교도 있다. 그것은 그에 응한 교육 목표로서의 다른 인간상이 있지 않으면 안 된다. 그러나 이 인간상은 자기들의 후배를 위해서 올바른 배려를 하고 있는 집단의 생활양식 내부에 모두 존재하고 있다. 가령 이 인간상이 요청을 아주 너절하게 이해하고, 또 설령 이 인간상을 생산하는 계획의 성과를 겸손하게 고려한다고 하더라도, 전연 교육 이상이 없이는 행해질 수 없는 것이다.

　교육의 이상이 어디서 생기며, 그것을 교육자는 어디에서 입수하는가 하는 것을 다음으로 문제 삼지 않으면 안 된다. 이리하여 우리들은, "오늘날의 독일에는 모범이 될 만한 인간상이 있는가."라고 하는 상투적인 문구로 돌아가게 된다. 여기에 대한 '안티테제'로서 "이미 모범될 만한 인간상은 없다."라고 하는 말이 있다. 여기에 많은 허점이 있는 것이다.

(A) 여기서 말하는 '있다.'든가 '없다.'든가 하는 말이 무엇을 의미하고 있는가 하는 점에 관해서 만이라도 우리들의 의견이 일치하고 있는 것일까? 여기서 있다고 하는 뜻은 "경험적으로 완전하게 발견된다." 의미는 결코 아니다. 왜냐 하면 규범적인 것을 거부하거나 규범적인 것에는 전혀 눈을 돌리지 아니하는 사람들이 언제나 '있기' 때문이다. 그러기에 이 '있다.'고 하는 말은 경험을 확인한다고 하는 의미로서는 이해되지 않는다. 그 '타당한' 인간상을 긍정하고, 그로 해서 자기들의 태도를 결정할 지침으로서, 그것을 선택할 사람도 상당히 많이 있을 것이라는 의미에서 '있다.'고 하는 대신에 '타당하다.'고 하더라도 그것만 가지고는 아직 충분하지 않다. 다수의 위력, 또는 대세의 위력을 사람들은 너무 크게 고려할는지도 모르지만. 자기의 양심에 따라서 다른 확신을 가진 사람들의 정신을 다수의 사람들이 윤리적으로 의무화하는 것은 절대로 안 된다. 그러나 우리들은 제3의 단계에까지 나아가서 '타당하다.' 대신에 '절대로 타당하다.'고 한다면, 칸트가 그 윤리학을 구성한 토대 위에 있음을 알 수 있다. 관습상 아직도 이성이라고 부르는바 인간 자신의 정신적인 본질로서, 그

것은 절대로 타당한 규범이고 그렇게 되고 싶은 기분이 조금도 없이는, 그리고 실제로는 그것을 거부할 때라도, 개인은 그것에 따르도록 의무 지워져 있는 것이라고 그는 주장했던 것이다. 이 '타당하다.'고 하는 말은 오늘날에 있어서도 칸트의 경우와 그리 다른 점은 없다고 생각된다. "정언명법(正言命法)은 절대로 타당하다."라고 하는 정의에서 별로 크게 진전하지 못한 것이다. 지금도 항상 선험적으로 전제되어 있는 것은, "우리는 실제 생활을 영위할 때 절대로 규범적인 제 요청 하에서 영위한다."고 하는 것이다.

이것은 하나의 신앙고백인 것이다. 멋대로 하는 생활 태도는 모두 이러한 윤리학의 법정에 의해서 축출 당해 버렸다. 그러나 여하간 구체적인 문제는 겨우 이제부터 시작이다. "절대로 정의가 지배해야 한다."라고 하는 말만으로는 지금 우리들의 국민, 전형적인 상황, 즉 "이러한 사태에 있어서 정의가 어디에 있는가 하는 문제에 관해서는 아직 거의 해결되지 못하고 있고, 교육 목표에 관해는 절대적인 의무나 규범이 타당하다."고 주장하는 것만 가지고는 이 규범적인 인간상이 오늘날 어떠한 형태로 되어 있다고 하는 결론을 내릴 수는 없다. 그래서 우리들은 보다 상세한 설명을 요청하게 된다.

(B)이런 설명의 책임이 너무 과중하게 되지 않도록 하기 위하여 이 구체적인 설명을 극단적인 데까지 곧장 확대하고 싶지는 않다. 그렇지 않으면 훌륭한 상인의 도야 이상 또는 유능한 군인의 도야 이상, '올바른 학자' 또는 이상적인 기술자의 도야 이상이란 어떤 것인가 하는 데까지 설명하지 않으면 안 되게 된다. 이 문제는 이미 이른 바 학교의 일반 도야에 있어서 나타나 있다. 거기서 문제가 되는 것은 인간성의 기초와 그의 근본 정의 일반이다. 규범적인 '인간성'의 특징이라 할 수 있는 몇 가지가 이 속에 나타나 있다고 할 수도 있을 것이다. 이 인간성이란 말의 의미는 오래 전부터 그 초기보다도 넓은 의미로 해석되고 있다. 이미 단순한 그리이스·로마 문화로부터 생겨난 인간성을 뜻하는 것이 아니고, 보다 고상화(高尙化)된 고귀하게 된 인간성 일반을 의미하고 있는 것이다.

고대 고전시대의 인간성의 문제에 관해서 잠깐 살펴보기로 하자. '고대의 사람들'이 트로야와의 싸움과 로마와의 전쟁 기간의 수 백년 동안 실현하고, 또는 다만 이상으로서 길러 온 인간성의 내면적인 형태는 개관할 수 없을 만큼 수 많은 종류를 만들어냈다. 이들 모든 것을 모범상으로 삼는 것은 아무에게나 될 수 없는 일이며, 교육을 청하는 자에게는 교양을 높이기 위한 고가(高價)한 생활 형식을 그것으로부터 풍부히 선택해낼 수 있다.

인간성과 연관하여 이상적 인간상은 여러 가지로 나타난다. 고대의 그 많은 전쟁 영웅들의 무용담이나, 또는 훌륭한 인간상 속에서 여러 가지 인간의 이상을 찾아낼 수 있다.

또는 '그리이스 문화'나 '로마 문화'는 그 자신이 결코 교육의 이상이 아니라, 도야재인 것이라고 하는 편이 옳을 것이 아닌가? 그리이스인이나 로마인의 문화는 우리들에 있어서도 오히려 도야의 가치를 가지고, 그 때문에 우리들의 청소년 도야에 있어서 영향을 줄 수도 있으며 또 영향을 주지 않으면 안 될 많은 것들이 있다. 독일 고전주의자들, 특히 헤겔시대에 있어서는 이 문화를 그리이스 정신이나 로마 정신이라고 하는 하나의 통일적인 '정신'으로 환원시키려는 경향이 있었다. 그래서 이 정신이 두 가지의 국민적인 창조작용 가운데서 분리했다고 하는 것이다. 이러한 사고방식으로부터 '고대라고 하는 것'이란 말이 생겼다. 예컨대 '그리이스 정신'의 형이상학적인 원리가 이 현상 세계 가운데 위대한 계승을 낳고, 이 계승이 또 자기를 일관하여 흘러나오는 국민정신의 범위 안에서 동시에 계승적인 특징을 띤 여러 가지 작품을 생산했던 것이다. 우리들 새로운 시대의 국민들―이라고 지금부터 말 하겠지만―에게 있어서 이들의 작품은 아직도 규범적인(모범적인) 힘을 가지고 있다. 또는―이미 약하게 되어서―우리들은 그들 작품과의 대결에 있어서 우리들 독자적인 최고의 문화에, '가장 잘' 도달할 수 있는 것이다.

방금 말한 사고방식이 타격을 받은 것은 그들의 국민문화가 그 배후에 있는 '정신적인 원리'와의 관계를 끊었을 때이다. 호머나 플라톤, 키케로, 타키투스의 정신세계 사이에서도 대단히 큰 차이점이 있는 것을 사람들은 결국 무시할 수 없었다. 보다 엄격한 의미에서의 '역사적인' 해석의 승리에 의해서 우리들이 지금 그 속에서 살고 있는 그리스도교적 서구 문화는 고대 그리스 · 로마 문화의 어깨 위에 있는 것이라고 하는 생각이 떠오른다. 그리스인이나 로마인들도 정신적인 의미에서는 우리들의 조상이요, 우리는 그들의 자손인 것이다. 설령 혈통적으로는 그렇지 않더라도 우리는 그들의 본질적인 문화유산의 후계자인 동시에 유지자라고 하는 역사적인 운명에 의해서 우리들은 결정적으로 숙명 지워져 있다. 그러나 이른 바이 고대가 통일적인 세계관을 발전시키고, 그것이 오늘날의 젊은 사람들의 도야 과정에 있어서 확고부동하고 위대한 세계관으로 적합 될 수 있음은 이미 주장될 수 있으리라.

그리이스인이나 로마인들도 정신적인 의미에서 우리들의 조상들이다. 이것은 정말 의미심장한 말이다. 문화가 계승되고 발전하고 창조되는 원리가 이 속에 있고, 역사가 가치 있다고 하는 것은 이러한 원리 위에서만 타당한 것이라고 할 수 있다. 휴머니즘이라든가 또 이상적인 인간상이란 것이 적어도 교육학에 적용되기 위해서는 이러한 원리를 수긍할 때만 가능하고 가치 있게 된다. 아인슈타인이 외국사람이니까 그의 과학을 하는 것은 주체성이 없는 짓이고, 넬슨은 외국사람이니까 그의 애국심을 본받는다는 것은 사대주의요, 칸트의 철학을 하는 것은 사상의 국적을 상실하는 것이라고 한다면 정말 한심한 일이 아닐 수 없다. 정신적인 조상과 교사는 꼭 국적에 억매일 필요가 없고 시간적 제약을 받을 필요가 없는 것이 아닐까?

이상화(理想化)에 의해서 생긴 이 '고대라고 하는' 것을 역사적으로 본다고 하는 것은 그것에 의해서 고대가 역사라고 하는 제한된 교과로 추방되지 않으면 안 된다고 하는 의미가 아니다. 그것은 여전히 보기 드문 풍부한 도야재의 보고인 것이다. 이것은 또 여전히 높은 인간성이나 참다운 후마니타스(인간성)에로 확대될 가능성을 지닌, 말하자면 도야 이상이 미술관이기도 하다. 거기에 있는 것은 무훈 찬란한 영웅, 조국에 몸을 바친 사람들, 위대한 정치가들, 정의로운 제후, 사려 깊은 사상가들이다. 현존하는 그들의 삭품에 의해서 알 수 있는 유례없는 예술가들의 것은 말할 필요조차 없다. 현실적으로 존재하는 이 위대한 인물들 이외 시(詩)의 세계에는, 즉 말하자면 제2의 기념물이 있다. 시는 인간생활에 있어서의 비극적인 것까지 표현시켜서 그 비극적인 형태가 아마도 도달할 수 없는 근원 현상에 달하고 있는 것이다.

그렇지만 다른 면에서 볼 것 같으면 인간성이란 아직 확실하게 형태가 드러나지 아니했거나, 또는 희미한 윤곽에 그쳤음에 불과하다고 하지 않을 수 없다. 즉 창조된 영웅은 필요한 사회적인 지반을 아직 찾아내지 못했던 것이며, 서로 돕는 사랑이 도덕도 아직 존중되지 아니했다. 이의 해체기(解體期)에 처음으로 신에 대한 신비적인 몰두가 통용되기 시작했다. 또 새로이 그리스도교의 근본 주제를 고대의 정신세계 가운데서 찾아보려는 경향이 대단히 강하게 나타나서 결국은 양식의 혼란이 나타나게 된 것이니,

이것은 결코 우연한 일이 아니다.

여기까지는 주로 그리이스·로마에 있어서 정신적 내지 문화적 상황을 소묘하고 있다. 그러나 이러한 이야기는 비단 그리이스·로마를 주축으로 해서만 타당한 것이 아니라, 오히려 정신적 또는 도덕적 풍토의 발달 과정의 일반적 경향이라고 해도 좋을 것 같다. 그러한 의미에서 비단 서양사회에 있어서 교육 목적이나 이념을 설정하는 작업 과정에 있어서 고려되어야 될 필수조건이지만 동양에 있어서도 비록 그 내용은 다를지라도 그 구상 방법은 같은 것이지 않으면 안 된다.

즉 한 마디로 말하자면, 오늘날의 우리들은 고대 그리이스·로마의 정신문화에 아직도 도야재의 풍부한 저수지를 가지고 있는 것이다. 다만 의무에게까지 높여지는 절대적인 하나의 경우를 제외한다면, 우리들에게 불변의 규범이 될 만한 구체적인 도야 이상을 우리는 아직도 거의 찾아내지 못하고 있다. 그 대신 우리는 이 고전 시대에 모든 방면에 확대되어 성숙한 하나의, 아니 두 개의 종합 문화의 전형을 가지며, 소위 우리들의 새로운 시대의 국민들이 그것으로부터 그들 청년시대의 결정적인 것을 배웠다고 하는 의심할 여지없는 사실이 그것을 보상하고 있는 것이다. 틀림없이 우리들은 그것으로부터 비로소 '빠이데이아'(그리이스 말의 교육한다는 뜻)가 도대체 무엇인가를 배웠던 것이다.

우리가 지금까지 진행시켜 온 사고 과정에 있어서 독자적인 입장은 아주 명백하게 되지 않으면 안 된다. 아주 판이한 구체적인 도야 이상들이 모두 그들 나름대로 정당성을 가지고 있음이 인정되었고, 동시에 도야의 이상은 절대로 의무적이며 그 때문에 제멋대로 맡겨 두어서는 안 된다고 하는 것도 주장되었다. 이 두 가지가 병립할 수 있기 위해서는 양자가 각각 다른 면에서 도야 이상에 관련을 가지지 않으면 안 된다. 즉 말하자면, 그 이상은 절대적인 규범을 포함하는 핵심을 가지고 있는 것이니, 이 핵심적 요구가 만족되는 한 다시 자유롭게 성장할 수 있는 측면을 가지고 있는 것이다.

이 두 가지라는 것은 각각 판이하게 다른 구체적인 개별적 도야 이상과 동시에 지리멸렬(支離滅滅)하게 분산 파괴되는 것이 아니고, 하나의 의무적 보편성을 지향하는 도야의 이상을 말한다. 화이트헤드는 그의 교육목적론에서 진정한 교육자의 하나의 특성을 스타일 있는 사람으로 보고, 그 스타일은 그의 인격과 지성의 독자적인 분위기를 나타낸다고 하는 데, 여기서 말하는 진정한 교육자가 나타내는 철학적 특성도 바로 그런 수준의 차원을 말하는 것이 아닌지?

우리들이 천부적인 교육자라 부르고 있는 사람이 만약 이 세상에 있다면, 이와 같은 사정이 그에게는 별로 새로운 것이 아닐 것이다. 새롭다고 한다면 기껏해야 그의 철학적인 표현이 다르다. 바꾸어 말한다면, 그의 철학적인 표현이 정당하다 하더라도 그것은 진정한 교육자가 그들 나름대로 자기가 확증한 것, 즉 그때그때의 표현에 불과한 것이다. 그래서 이와 다른 것을 현실에서 생각하고 행하는 사람이 있다고 한다면, 그들에게는 진정한 교육자란 명칭을 허용해서는 안 된다고 생각한다.

'이 교육적인 것'을 우리가 알고 있는 한 처음으로 이 지상에 순수하게 초래하게 한 인물을 하나로 나눌 때, 우리들은 이런 실정을 확신하게 된다. 이와 같은 최초의 계시는 처음에는 보통 다르게 이해되지 아니한다. 비유해서 말하자면, 그런 계시를 말하는 자 이외에 그것을 올바로 들을 수 있는 제2의 인물이 있지 않으면 안 된다. 그런 계시를 들은 제2의 인물이 그 계시를 학대시키고, 그 불꽃의 선동력(煽動力)을 지키지 않으면 안 된다.

소크라테스와 플라톤의 관계가 바로 이러한 것이다. 가끔 소크라테스의 적이나 중상모략자가 아닌 동 시대의 사람들은 모두 소크라테스가 자기의 젊은 제자들을 '보다 좋게 만드는' 의도에서 대화를 나누었던 것을 인정한다. 그러나 이러한 현자가 제자들을 도대체 무엇 때문에 교육하려고 했던가 하는 교육적인 계시에 대한 내용이 여러 가지로 해석되어 왔지만, 오늘날의 우리들에게 있어서도 소크라테스의 자태는 오리무중과 같은 것이다. 소크라테스가 젊은 제자들에게 철학 하는 것을 가르치려고 했다고 하는 플라톤의 해석을 따라 그대로 나아가 본다 하더라도, 역시 플라톤이 자기의 본질적인 경향을 기초로 채용한 그 개인의 경향이 눈에 뜨이지 않을 수 없다. 다만 한 군데 소크라테스에 있어서 정말 무엇이 중요하며, 또 그를 후세의 모든 교육자들의 지도자로 삼게 된 것은 무엇 때문인가를 그가 대단히 간결하게 말한 곳이 있다. 그들은 "자기의 혼을 될 수 있는 한 좋은 것으로 만들기 위해서 자기의 혼 이외의 것에 이미 마음을 어지럽혀서는 안 된다."라고 하는데 이것이 바로 그것이다. 그 이외의 모든 과제도 재(財)도 2차적인 것에 불과하다. 왜냐 하면 그것들을 행하고 또 바람직한 혼의 가치 여하에 의해서 그것들은 비로소 가치를 부여받게 되기 때문이다. 여기서도 정언명법(定言命法)을 만들어 본다면 다음과 같이 된다.

"무엇보다도 먼저 너희들의 혼을 깨끗하기 가져라!" 진정한 교육자가 목표를 결정할 때 고려하는 것은 무엇보다도 혼이 우선하며, 개별적으로 사랑하는 모든 것, 성취하는 모든 것보다도 혼 그 자체가 우선한다고 하는 그 신념이다.

철학을 한다고 하는 것은 선(善), 진(眞)의 보편성으로서 지(知)에 대한 무한하고 열렬한 추구, 동경, 사모의 정으로서 진리에 대하여 에로스를 가지는 것을 말한다. 그래서 종국에는 진리와 자아가 일체가 됨으로써 자기의 영혼을 순수하게 하여 진지(眞知)의 세계, 각성의 세계로 나아가게 되는 것이다.

이러한 근본이념은 서구 전체 세계를 지배하고 있는 것이다. 고대에 있어서는 플라톤이나 스토아 학파의 사람들이 혼에 경이를 표해 왔다. 복음서나 사도 서간 가운데서 혼에 관해 언급하고 있는 부분은 무수히 많다. 아우구스티누스는 오늘날까지의 그리스도교 세계 안에서 혼에 관한 보다 의미심장한 말들을 했다. 그로부터 시대는 달라졌다. 칸트나 피히테, 페스탈로치나 괴테에게도 아주 다른 표현이 나타나지마는, 그것의 근원 현상을 의미하는 바는 여전히 다를 바 없다. 즉 말하자면, 교육자의 노력은 사물의 가치를 음미하는 혼을 만들어 내는 데 있다. 그 혼의 구조 여하에 따라서 도야재로서의 올바른 질서 지움, 세계 사물에 대해서 나타나는가. 어떤가가 결정되기 때문이다. "먼저 너희들이 혼을 보살펴라!" 교육자는 젊은 혼을 보살피면서 인간 세계에 있어서 정말로 가치 있는 모든 것을 함께 교육하는 것이다. 여기에 도야 이상이 핵심이 있고, 그 밖의 것은 이것으로부터 파생한 것에 불과하다.

고육의 가치는 높은 정도의 물질적 획득이나. 기술에 있는 것이 아니라, 전체로서의 사물의 가치를 음미하는데 있는 것이다. 말하자면 영혼적 의미에 있어서 인간의 특성을 규정함으로써 영혼적 가치 기준에 입각하여 사물을 음미하는 능력의 개발과 신장에 있다.

이러한 연관에 있어서 혼이라고 하는 것은 학술적인 심리학에서 사용하는 말은 아니다. 그 가운데서 모든 사물이 '올바르게' 되는, 즉 말하자면, 올바른 질서 가운데 위치하여 그 가치를 검토 받는 그러한 내면적인 것에 대한 대중적 표현인 것이다. 그러나 이 내면 세계에 있어서는 그 인간 자신도 올바르게 되는 것이다. 그는 양심의 소리를 듣고 그가 의존하고 있는 형이상학적 질서와의 본질적인 관계를 그 속에서 체험하는 것이다. 수많은 고백이나 세계관 등이 어떻게 해서 이 내면성을 구체적으로 표현하며 설명해 왔는가에 대해서는 여기서 의식적으로 이 이상 추구하지 않기로 하자. 모든 것과 마찬가지로 규범이 되는 것만을 여기서 취급하기로 한다. "마음의 내부에도 우주가 있다."고 하는 괴테의 말은 정말 훌륭한 상징을 해 주고 있다.

현상 세계에 있는 모든 것은 마음 안에 있는 우주의 한 부분인 것이다. 만약 마음의 우주에 존재하지 아니했던 것은 이 세상에 존재하지 않는 것이다. 그러므로 현상 세계의 어떠한 사물이나 사건도 마음의 우주에 있어 신기로울 것은 아무 것도 없다.

이 비밀의 세계에 있어서, 인간과 만나게 되는 것이 무엇인가 하는 것을 짧은 문장으로써 설명하기란 어렵다. 성장하는 자는 우선 이러한 깊이에 대해서 먼저 눈뜰 것이 중요한 일이다. 일상의 공간 시간의 평면에 대하여 수직으로 교차하는, 말하자면 하나의 새로운 차원에 도달하는 것이 중요한 것이다. 그 차원이란 다만 끊임없이 자기를 검토함에 의해서 정화된 내면성임을 또 여기에서 상기할 필요가 있다. 이 내면성 가운데서 가치를 부여하는 모든 것, 척도를 부여하는 모든 것, 규범이 되는 모든 것을 알 수 있게 된다. 교육은 이러한 근저에까지 도달하지 않으면 안 된다. 피히테는 여기에 대해서 급진적인 표현을 하고 있다.

그러나 이제 '천부적인 교사'를 향하여 이 혼 깊숙이 있는 철학적인 문제 전부를 관통해서 생각하라고 요구해서는 안 된다. 이러한 인간 생활의 핵심에 있는 것은 보다 깊은 재능을 부여받은 천재에게는 직관적으로 보이게 된다. 옛날부터 건전한 모든 마음의 교육자들에게 만약 이와 같은 직관이 있었다고 한다면, 이런 논의의 근거는 전부 의심스럽게 되고 만다고 해도 좋다. 이와 같은 결정적인 중요 문제에 있어서 새롭게 발견되는 것은 그리 흔하지 않다. 기껏해야 그 표현이 새롭기 때문에 처음에는 좀 이상하게 생각될 따름이여, 사상 그 자체로 말하자면 낡은 것이다.

이와 유사한 것을 칸트는 『실천이상비판』의 서문에서 말하고 있다.

사실 어느 시대에 있어서나 무엇보다도 도덕적인 의식이 학생들에게 형성되어야 한다는 점에 있어서는 일치하고 있음에 틀림없다. 옛날 이야기가 '올바른' 사람에 관해서 말할 때 그것이 어떠한 의미였던가를 잘 들어야 한다고 생각한다. 쉔헤르의 희곡 〈신앙과 고향〉 가운데에서 아들의 비극적인 순간에 "올바른 사람이 되어라"라고 하는 중대한 말을 하고 그의 아버지가 떠나가는 대목이 있다. 이러한 말의 의미는 항상 올바른 가치 질서를 지키는 태도가 필요하다고 하는 뜻이다. 천부적인 교사는 일생이 재(財)와 과제를 올바른 순위로 평가하지 않으면 안 된다. 보통 상태에서는 그를 돕는 것이 통용되고 있는 진실한 도덕이지마는 위기의 상태, 즉 갈등상태에 있어서 그를 돕는 것은 그 개인의 양심이, 즉 그 내부에 있는 내부의 조정기가 올바르게 활동하고 있지 않으면 안 된다. 올바른 평가를 하는 자는 남으로부터도 높이 평가받게 된다. 그 사람은 '존경받을 가치가 있는 남자', '존경받을 만한 부인'인 것이다. 그 점을 결(缺)하고 있는 사람이라도 그 밖이 점에 있어서는 훌륭한 재능이나 장점을 갖추고 있을지도 모른다. 그러한 사람이란 참다운 교육자와는 거의 무관한 것이다.

이것은 말하자면, 그들 나름의 도야 이상의 전제 조건이요, 그것은 도덕적으로 방향 지워진 가치관의 발달을 의미하고 있다. 그 과제의 내용은 발전하는 문화의 내용 변화와 더불어 다르다. 그러기 때문에 인간성의 구체적인 발전에 관해서 교육자들은 대단히 숙고하지 않으면 안 된다. 기초적인 도야 시설, 초등학교, 중학교, 고등학교에 있어서는 모든 것이 아직 대단히 일반적인 것에 머물고 있다. 여기서 장차 인생의 최초의 예비적인 방향이 지어진다. 그의 눈앞에는 누구나 한번은 관계를 가져야 하는 수많은 상황이 있는 것이다. 우선 나타나는 천분(天分)의 양과 준비 과정으로서 허용되는 연수(年數)에 의해서 단계가 지워지게 된다. 그 준비 과정이 길수록, 말하자면 선택에 의지하고 있는 모범상의 세계는 그 만큼 풍요하게 될 수가 있다. 이 모범상의 세계는 윤리적인 가치 기관의 훈련을 위해서 환기(喚起)되는 선취(先取)된 상상의 세계에 불과하다. 고전어 전공의 인문계 김나지움은 우리들이 보아 온 것과 같이 전연 몰락해 버린 정신세계를 확대해서 그것에 의해서 흔히 자기의 지평선을 학대할 수 있게 되는 것이다. 거기에 모범상도 있고 그 반대되는 상도 있다.

보다 나이 많은 자들에게는 직업에 따라서 다른 여러 가지의 교육적 요구를 가르치지 않으면 안 되는데, 그 때 공란은 더욱 크게 된다. 보통은 여기서 필요하고 충분한 재료에 관한 토론이 행해지지만, 지금도 아직 그 핵심이 되는 것으로서 인간성의 형식을 만드는 것을 잘 잊어버리는 수가 있다. 지식의 재료나 숙련으로써 무장해도 충분하지는 않다. 어떤 직업이라도 그 독자적인 특성을 갖고 있다. 이 점에 대한 배려가 겸하게 되면 그 과제의 반(半)밖에 충족되지 못할 것이다. 그 나머지의 보다 중요한 반이란 올바른 가치를 지우게 하는 전인격을 항상 각성하고 그 직업을 자기의 생명으로서 충만케 하는 일이다. 오늘날의 직업은 여러 종류의 사람을 포함한다. 당연한 일이지만, 직업을 가지는 자가 하나의 '인간'이란 사실이 천부적인 교사의 희망인 것이다. 여기서 말하는 하나의 '인간'이란, 자기의 특수한 활동권 내에서 도덕적인 결단을 하고 책임을 지며, 각성한 양심에 따라서 갈등 속에서 올바르게 행동하는 주체를 말하는 것이다.

이른 바 정규의 학급 교수활동 이 외에도 여러 가지 종류의 교육은 의미있게 행해지고 있다. 그 중에도 직업 교육이나 또 성인교육 계획 중에서도 현직교육, 직업기술 연수 등 다양한 형식의 사회 교육계획이 있을 수 있는데, 특히 독일의 경우 이 방면의 현직, 현장교육의 비준은 크게 취급되고 있다. 직업교육에 있어 무엇보다 중요한 것은 자기 직업을 가치적으로 신념화 하는 일이다.

'기술자의 인간성', '상인의 인간성', '기업가의 인간성', 등이 있다. 그러나 이와 같은 직업상은 이미 충분히 그 직업의 성격에까지 달성되어 있다고 주장해서는 안 된다. 이 직업적 성격의 필요성을 의식하기 시작한 것은 최근에 와서의 일이요, 그것을 완성하는 일은 쉬운 것이 아니다. 그러나 그와 같은 고찰은 우리들의 테마로부터 빗나가게 된다. 오히려 여기서는 다시 두 가지 문제를 나란히 해서 '규준이 되는' 도야 이상이 교육자의 혼 가운데서 어떻게 살아 있는지를 관련 지워야 된다고 생각한다. 그것에 의해서 우리들은 또 한 번 철학적인 문제에 직면해서 더불어 사고해 보고 싶은 몇 가지 점을 지적하고자 한다.

(A) 교육자가 성장하는 개인에 대하여 내 거는 도야의 이상이 어떻게 해서 올바르다고 인정할 것인가?

교육자가 스스로 이상(理想)을 지시하여 "여기에 내가 있다. 나의 모양대로 인간을 만들어라"라고 하는 말처럼 교육자가 행동해야 한다는 의견은 오류이다. 또 마찬가지로 이전에 유행한 "모든 것을 어린이에 의해 자발적으로"라고 하는 말과 같이, 그에게 교육을 맡긴 개인이 그에게 목표를 그려 주면 그는 개인 즉, 그 개성의 내면적 발전 법칙만을 주의깊이 존중해야 한다고 하는 의견도 오류인 것이다. 오히려 교사와 학생도 쌍방이 자기들을 동등하게 의무 지우는 제3의 정신력이 작용하는 곳에서 서로가 접촉하고 만나는 것이 중요한 것이다. 이 제3의 정신력을 사람들은 종종 진(眞)·선(善)·미(美)의 세 개의 별과 같이 보아 왔다. 이와 같은 신조는 오늘날에 있어서도 그릇된 것은 아닐 지라도 우리들은 오히려 보다 구체적으로 주어진 조건하에서 이 삼위일체의 이념에 대하여 정말로 유용한 것을 알고 싶은 것이다. 정당성이라고 하는 것은 추상적인 이념이요, 우선 그들의 문화 상태에 응해서 그것에 알맞은 내용을 갖지 않으면 안 되는 것이라고 이미 말한 바 있다. '규준적인' 도야 이상의 경우에도 이와 비슷한 관계가 있다. 절대적으로 의무 지워진 도야 이상을 그 시대와 국민에게 맞도록 개별화함과 함께 구체적으로 만들어내는 일이야말로 교육자의 보다 높은 사명인 것으로 생각된다.

(B) 이 사명이 올바른 의미로 이해될 때 수긍할 수 있다. 설령 영원한 타당성이 있는 자연법이 특정한 시대에 있어서 '바른 법'이 되기 위해서는 역사적 탄력성이 있도록 그때그때의 '시대에 맞는 규범적인 것'을 틀림없이 인식하는 위치에 우리가 있는지 아닌지 하는 것이 문제인 것이다. 그러기 위해서는 완결한 역사철학이 필요하고, 그것에 의

해서 그때의 시대적 의미가 인간성의 역사를 전체적인 의미 연관 안에서 정확하게 규정되어 있을 것이 요청된다. 헤겔은 이와 같은 체계를 확립할 수 있다고 믿고 있었다. 즉 시대의 종국에 설 뿐만 아니라, 시대를 초월해서 선다고 하는 것이 그의 의견이었다. 맑스는 역사적 사회적인 과정의 완전한 의미다 충족되어야 할 때 아무래도 생기지 않으면 안 되는 것은 무엇인가 하는 것을 예언하려고 했다. 이와 같은 철학적 사고에 의한 '확립'은 인간에게는 불가능한 것이다.

그러므로 우리는 정신적 지도자를, 그들의 현재의 경계 위에서, 개인적인 결단의 완전한 모험 가운데로 밀어 내려고 한다. 그가 규범적인 사고를 기초로 해서 미래에 대해 결정한 것을, 전혀 개인적인 책임으로 생각해야 된다고 하는 것이다. 이와 같이 순수한 '실존적인' 입장은 주관주의로, 그리하여 정신생활의 완전한 파괴로 인도하게 되는 것이다.

실제로는 미래를 향한 계획을 세우는 교육자는 미래의 요청과 더불어 과거를 부담하는 힘과 대결하면서, 그러나 또 그는 자기의 양심과 현재의 경계 위에서, 영원에 연결해야 하는 책임으로 해서 속박되면서 결단을 하게 되는 것이다. 그의 주위에는 동시대의 다른 사람들이 같은 일을 하기 때문에 교육자는 그들과도 의논하지 않으면 안 된다. 이리하여 정신의 민주주의라 불려질 만한 그런 방향의 싸움이 일어난다. 왜냐 하면 민주국가는 그 이념에 따라서 상호간이 양심과 양심의 입장의 평화적인 해결을 위한 외부적인 형식을 나타내려고 하기 때문이다. 이와 같은 국가가 현실적으로 대단히 적다고 하는 것은, 이런 이념을 모범상으로 해서 항상 의식하고 있다고 반드시 그것이 우리들을 국가로부터 해방시켜 주는 것은 아니기 때문이다.

천부적인 교육자는 지도적인 정치가 다음으로 아직 형태가 잡히지 아니한, 즉 미래를 향하여 가장 군건한 계획을 세우는 자인 것이다. 왜냐 하면 그는 다가오는 세대의 윤리적인 정신 태도에까지 영향을 주려고 하기 때문이다. 교육의 최전선에서 의무에 충실하고 있는 자가 모든 도야 이상을 위한 위대한 싸움에 참가하고 있는 것은 아니다. 그러나 우리가 상상해도 좋은 것은 모든 윤리적인 책임과 계약을 기초로 하여 규범적인 인간상을 예감으로서 가지고 있는 교육의 천재가 있다는 사실이다. 이것이 처음에 말한 정신을 불어넣는 것일는지 모른다. 이 최고의 현상에 관해서 말할 수 있는 것은, 즉 "그와 같은 천재는 암석 안에 있는 금(金)의 광맥처럼 드문 일이다. 그러나 우리가 그러한 모범상을 항상 의식할 필요는 없다고 하는 의미는 아니다"라고 하는 점이다.

여기서 취급되는 문제의 영역은 또 다른 면으로부터 비추어 볼 수도 있다. 심리적 면에서는 학생의 혼의 조정기에 감화를 주는 것이 교육자의 주요한 관심사라고 설명된다. 심리의 초기 발달 단계에서는 통제하는 동기의 연관성이 아직 전혀 없기 때문에, 그는 그 조정기를 '쓴다'고 한정적으로 말할 수 있을 따름이다. 그는 오히려 이 양심의 조정기의 발동을 돕지 않으면 안 된다. 다른 말로 한다면 단순한, 아직도 자기 가운데 닫혀져 있는 자아 위에 보다 고도의 자아가 형성되지 않으면 안 된다. 그러므로 내용적으로 상이점이 있을는지 모르는 도야 이상의 모든 것에 해당하는 공식은 보다 고도의 자아의 해방이 중요하다고 하는 사실이다.

이 초 자아(超自我), 통제하는 자아, 또는 정신적인 자기의 성립에 관한 근대의 심층심리의 견해가 옳은가 아닌가는 여기의 고려 대상이 아니다. 보잘 것 없는 재료로부터 황금이 만들어지고, 여기서는 단순히 행동적인 것, 동물적인 것으로부터 정신적인 것이 만들어진다고 하는 한 그 심리학은 전체적으로 다소 연금술적(鍊金術的)인 의미를 갖는다. 적어도 정신적인 주체의 싹이 없는 한, 자아를 '만들어 내는 것'은 거의 바랄 수 없으리라. 이 논리의 다른 결론으로서, 초 자아는 '다른 것 아닌' 승화된 행동력 이라는 표현에 의해서 목표하는 제작품의 가치를 저하시키게 된다. 왜냐 하면 '본질적인 것'은 그렇게 하면 틀림없이 충동적이 되어 버리며, 다른 면으로부터 우리는 자기들의 '본질적인 것'을 만들어 낼 것을 요청 받기 때문이다. 어떤 의도를 교육자가 그것을 위해 가지고 있는가는 이론적으로는 결코 중요하지 않다. 중요한 것은 실제로 힘을 미치는 세계관적인 기본 태도인 것이다. 교육자가 '육성시키려고' 한다면 '보다 높은 것'이 무엇이라는 부동의 신념이 그의 내부에 생동하고 있지 않으면 안 된다. 그렇지만 이 심리학의 근본 문제는 여기서 덧붙여서 취급되어질 수는 없다.

슈프랑거에 있어서 교육의 목표는 양심의 도야라고 하는 말로 바꾸어 말할 수도 있다. 마음은 우주적인 성격을 띠고 있을 만큼 다양하고 심층적인 것이다. 그래서 온갖 인간사가 마음의 범위만큼이나 복잡하고 다양하게 나타나는 것이다. 이 마음의 조정기 역할을 하는 것이 있다면 이것이야말로 교육에서 놓쳐서는 안 될 것이고, 그것을 슈프랑거는 양심이라고 하는 것이다. 도덕이라고 하는 것도 여기에 근거하며, 영혼이라고 하는 이름도 이것과 관계하여 인간에게 의미를 더해 준다. 이것이 초 자아적인 것과 연결되어 영혼을 만들어 내고, 개인을 초월해 있음으로써 교육의 모범상을 만들어 낸다. 이 때의 모범상은 그러기에 개인을 기본으로 하면서 개인을 초월해 있다. 그것을 보다 '높은 본질적인 것'으로 표현하고 보면 교육의 이상이 바로 그것이 된다. 이것을 고차적(高次的) 자아라고도 한다.

그러나 고차적 자아란 무엇인가에 관한 몇 가지 힌트는 필요하다고 생각된다. 그것은 몇 가지의 아주 짤막한 논제 형식으로, 이 고차적 자아를 내부의 조정기로서의 기능 가운데에서 설명하는 것이 적당하다고 생각된다.

(A), 보다 고차적 자아란 단순히 보고 느끼고 하는 자아를 넘어서, 생각하는 자아인 것이다. 사색이라고 하는 것은 그 주체가 공간적으로 시간적으로 제약되어 있는 위치를 놀랠 만큼 큰 범위로 확대할 수 있는 것이다. 사색은 모든 사람에게 동일한 세계를 만들어 주고 그 세계는 자아

에 관련된 체험의 이상이나 독자적인 세계에 대해서 부동의 배경으로서 이용된다. 이리하여 정신화의 과정이 시작된다. 정신은 단순히 사색만은 아니지만, 사색 없이는 성립할 수 없다. 그러므로 도야 이상이 개별적으로는 설령극단적인 형태를 취할지라도, 어떤 이상이나 적어도 규범적인 보편타당성을 목표하는 세계상이 포함되어 있는 것이다. 이 사명의 일부에 대한 배려가 교수 활동에 의지하여 있고, 수업은 다만 완성된 결과만을 주는 것이 아니다. 그래서 나아가서 교수 활동은 사색에 대해서도 '교육'하지 않으면 안 된다.

고차적 자아의 첫째 의미는 사색하는 자아를 말한다. 인간의 내부에 우주가 있다고 하는 말은 사색을 전제로 해서만 가능한 표현이다. 사색의 영역에는 한계가 없기 때문이다. 어린이가 그리는 조잡한 그림 한 장에도 사색이 담겨 있고, 피카소의 그림 중에도 사색이 담겨있는 것이다. 사색이 있어 인간적 가치를 가지게 된다고 보겠다. 데카르트의 "나는 생각한다 그러므로 나는 존재한다."는 명제는 고차적 자아의 가장 초보적 명제라고 할 수 있다.

(B), 보다 고차적 자아는 엄밀히 객관적으로 사색된 세계 이외에, 가치의 세계 또는 상대 개념에 대한 가치의 질

서를 가지고 있다. 주체가 인정하는 가치는 대상으로서는 덧없는 감정이나 충동의 작용 이상의 것이다. 이들의 가치는 영속적인 방향 정수로서 고정되어 있는 것으로, 그것이 개개의 생활재에 의해서 만족됨에 불과하다(가치 지향). 보다 고차적 자아는 그와 같은 규범적인 가치의 질서를 구체적인 성취를 위하여 노력하기를 그치지 않는다. 그때 역사 가운데서 이미 형성된 가치 체계가 모범상이나 원형을 제시해 준다. 앞서 진술한 집단적인 도덕을 사상적으로 도덕적 체계로 압축되어서, 그 때 더불어 작용한다.

도야 이상은 모두가 규범적인 가치의 특정한 표현과 그것이 순서 지어지는 것을 포함한다. 그들 가치는 단순히 사물에 관한 지식보다도 정신이 중심 가까이에 있고, 결국은 가치를 긍정하고 가치 없는 것을 부정하는 핵심으로서의 전 인격을 결정하는 것이다. 역사로부터 제공되는 도야 이상을 다시 상세하게 분석하는 사람은 상대적으로는 고정되어 있지만, 보다 높은 완성을 필요로 하는 가치 층이 있음을 알게 된다.

보다 고차적 자아의 둘째 번 의미는 가치 관념을 가지고 있는 자아를 말한다. 그리고 그가 가지는 가치는 역사적 가치관이라 할 만한 것인데, 이것은 역사적으로 나타나는 이상적 인간이나 사태를 모범으로 삼을 것을 말하는 것이다. 그러나 어떤 척도에서 판단 평가된 가치는 고립해 있는 것이 아니다. 가치는 서열 적으로 연관을 갖고 있어서, 그것은 보다 높은 차원의 가치로 연결되어 있음을 알아야 한다.

(C), 보다 고차적 자아는 정신의 형이상학적인 속박에 기인하는 여러 가지 영향에 대하여 제공하는 장소이다. 양심에 의한 조정이란 비밀 그대로 있다. 아무리 천재적인 교육을 한다 할지라도, 성장하는 인간에게 양심을 '만들어 주는' 일은 할 수 없다. 다만 양심이 소리를 강화할 수 있을 따름이다. 많은 현대의 이론이 양심의 성실성을 부정하려고 하지만은 양심이 그들의 이론에 넘어 가는 교육자는 막을 수가 있다. 그러므로 참다운 교육자는 자기의 핵심이 양심적이지 않으면 안 되고, 양심의 소리 가운데서 정신생활의 맥박이 뛰고 있다는 확신을 충만하게 가지지 않으면 안 된다. 그러나 여기에 아직도 특별한 어려움이 따르고 있다. 일반으로 정신에 눈을 뜬 사람은 양심의 소리는 들으면서도 때때로 실제 행동할 힘을 결하고 있어서 다른 충동의 유혹에 양심의 조정 적용이 이기도록 도울 수가 없다. 어떻게 하여 이 도덕적인 에너지를 학생들

에게 강화시켜 줄 수 있을 것인가 하는 것이 교육이 최대의 비밀이다. 이 에너지는 생활의 에너지. 육체력, 나아가서 전장(戰場)에서의 표면적인 싸움의 용기 등과 같은 것은 결코 아니다. 도덕적인 싸움에 견디는 것은 형이상학적인, 그 때문에 정신적인 힘에 의해서 사는 사람에게만 될 수 있는 것이다. 참다운 혼의 토대가 우리들의 현재 세계로부터 사라져버렸기에 정신력을 강화하는 것은 대단히 곤란한 일이다. 그러나 이 정신력의 뿌리가 사멸한 곳에 이보다 고차적 자아가 형성될 리는 없다.

보다 고차적 자아의 세 번째 의미는 양심의 강화이다. 천부적인 교사는 없는 양심을 만들어 주는 자가 아니라, 자기의 강화된 양심의 소리, 즉 도덕적인 에너지로써 다른 정신력을 강화 시켜 주는 것이다.

여기에 세 가지의 근본적인 면에서 밝혀진, 보다 고차적 자아의 각성은 정신 그 자체가 약동하고 있는 사람에게만 바랄 수 있다. 이미 지금까지의 설명으로서 잘 알 수 있듯이 '천부적인' 교육자란 직업지도자가 인정할 수 있는 바와 같은 단순히 좋은 교육적인 '자질'을 가진 개인은 아니다. '수양된 교사'도 그 이상 더 좋은 것은 아니다. 정신의 정열이 약동하는 곳에서만 다른 사람을 교육할 힘이 생기는 것이다. 그것을 인정하지 않는 다면 "우리들은 오늘날 이제 결코 교육할 수 없다. 기껏해야 지식을 몸에 붙여서 극단적인 야만을 교정할 따름이다."라고 하는 고백에 대한 대답의 준비가 필요하지 않을까? 독일이 철학자 가운데서는 피히테가 도덕적인 힘을 기르는 정신에 관해서 가장 잘 말했다. 페스탈로치는 피히테에 의해서 그의 진정한 교육자로서의 자기를 발견하여 그의 '달인(達人)의 진리'에 처음으로 도달할 수가 있었다. 그러나 우리들 가운데서 또 누가 피히테를 읽을 것인가.

페스탈로치도 피히테의 〈독일 국민에게 고함〉이라는 피히테 사상에서 자기의 신념을 확고히 했다. 피히테는 독일 국만의 도덕적 자각을 외치고 있고, 그것은 교육의 중요한 업무라고 주장했다.

'교육학적인 것'의 본질을 거슬러서 우리들의 사색이 올라가야 했던 고지로부터 도야 이상의 문제를 귀결 지우려고 생각한다. 남은 문제는 시대나, 개성이나, 직업이나, 학교의 형식에 응해서, 도야 이상은 여러 가지 구체적인 형태를 취할 수 있다는 사실이다. 그러나 도야 계획 가운데서도 보다 고차적인 자아 해방이 본래의 결정도 아니고 생명을 불러 넣는 것도 아니라고 한다면, 그 계획은 아직 '프로그램'의 단계에 불과하다. 그러나 이상, 즉 인간의 규범적인 이념을 향한 구상, 인간성에의 결정적인 정열은 프로그램이 아니다. 프로그램은 약한 데서 생기고 다만 약한 사람들을 만들어 낼 수 있음에 불과하다.

지금까지 진술해 온 의견들 가운데는 일상생활을 통해서 알려져 있는 것과 다른 점들이 많이 있다. 우리는 무엇보다도 먼저 자기의 혼을 보살피지 않으면 안 된다고 하는, 소크라테스 사상이 부활이 무엇보다도 기이한 느낌을 주고, 도야 목표의 형식으로서도 더욱 이상한 느낌을 주는 것이다. 사람들은 여기에 반론을 펼는지 모른다. 즉 오늘날의 청소년을 도야함에 있어서는 전혀 다른 방식의 배려를 잊어서는 안 된다고 하고, 특히 "인간 사회에 유용한 일원"이 되어야 한다는 의견이 대단히 이해하기 쉬운 것이라고 할지도 모른다.

사물의 핵심에 관계되는 곳에서는 어떤 종류의 영합도 인정할 수 없다. 그래서 다음과 같은 것이 강조되어야 한다. 즉 모든 생활재의 가치와 순위에 대한 기준은 자기를 양심에 비추어 보고 주의 깊이 검토하는 교양 있는 정신 안에 있는 것이다. 참다운 교사의 가장 중요한 의무는 학생에게 인생항로의 올바른 기준과 비중을 가르쳐 주는 일이다. 그런 뒤에 개개인에 맞는 영양분이 끊임없이 새롭게 공급되지 않으면 안 된다. 필요하고 유익한 것은 그 때 결코 생략되어서는 안 된다. '필요'한 것, 예컨대 산업적, 기술적인 사회의 수요와 경영에 포함되는 것은 모두가 여기에 이용되지 않으면 안 된다. 그러나 피교육자는 그것에 무엇이 포함되어 있으며, 또 무엇이 포함되어 있지 않는가 하는 것을 예감할 수 있어야 한다. 이러한 것이 교육에 있어서의 인도주의(人道主義)와 단순한 공리주의(功利主義)나 실용주의(實用主義)와의 구별이다. 그러므로 나는 경제적 유용성만 생각하는 자는 '천부적인 교사'가 아니라고 말하고 싶으며, 이러한 태도가 영향하는 범위를 충분히 의식하면서 이 의견을 고집하고 싶다. 그렇지만 다른 사람을 인생으로 인도하려고 하는 자는 유용성과 유익한 것을 단념해야 한다고 하지는 않겠다. 그것들을 가치의 순위 가운데서 정당한 위치를 갖도록 함으로써, 그것들을 고상하게 해야 한다고 말하고 싶다.

참다운 교사의 가장 중요한 의무는 학생에게 "인생 항로의 올바른 기준과 비중을 가르쳐 주는 것"이라고 감히 주장하고 있는 슈프랑거는, 여기서 미국의 프라그마티즘 사상을 정면으로 반대하고 나선다. 그에게 있어서는 생산기술 교육이나 경제적 효율성의 교육이나 가장 일반적 의미의 유용성의 교육은 결코 가볍게 처리되어서는 안 되는 것이지만, 그것이 결코 양심을 도야하는 일, 영혼을 일깨우는 가치적인 규범을 의식·체험시키고, 보다 높은 자아를 발견토록 촉발시키는 교육적 업무보다 앞설 수는 없다고 하는 것이다.

또 보다 주의 깊게 고려해야 할 것은 이 문제의 바로 곁에는 "그것이 현대인으로 육성하는 교육과 어떤 관계가 있는가?"하는 식의 유사한 테마가 있다. 이 문제를 제기하면서 내가 생각한 것은 천부적인 교육자에게 있어서 커다란 인생의 문제는 결코 처음부터 분명하게 눈에 보이는 것이 아니라, 그것에 관해서 깊이 생각해 보지 않으면 안 된다고 하는 사실이다.

다음과 같은 해석은 비난할 수 없으리라고 생각한다. 즉 교육자의 참 모습은 다른 누구보다도 더 많이 자기의 혼 안에서 미래의 인간상을 예측함에 있고, 그는 종말론(終末論)같은 것을 주장해서는 안 되며, 청소년의 변호자로서 주위는 무든 창조적인 조류를 예감하는 힘을 가지며, 정신 안에서 내일의 인간 이상을 관찰한다. 그 자신과 그의 학생들의 규범이 되는 도야의 이상을 그는 이런 점에서 바라

본다고 하는 해석이 된다.

특히 천재적인 사람은—그는 물론 너무 젊지는 아니 하지만—여하간 이렇게 해서 정신적인 창조자가 될 수 있다고 하는 사실을 나는 부정하지 않는다. 그럼에도 불구하고 그가 시도하는 모험이 얼마나 큰 것인가를 검토할 필요가 있는 것이다. 이것은 전혀 새로운 나라를 건설하려고 하는 정복자의 모험을 상기시켜 주기도 한다. 그는 옛 부터 이미 증명된 형식을 계승하는 것, 전혀 새로운 법률은 하루 밤에 만들어지지 않는다는 것, 어떤 일을 대대적으로 시작하더라도 오래 가지 않는다는 것, 등등을 훗날 알게 된다. '인간'이라고 하는 이름에 정말로 합당하는 자는 날에 가서 비로소 세계 역사의 무대에 나타나리라. 그러므로 또 후마눔, 즉 진실한 인도주의는 아직도 발견되지 않고 처음으로 발견되어야 한다는 확신을 마음속에 가지고 있는 우리들과 동시대의 사람들은 적지 않게 있는 것이다.

여기에 진정한 문제가 있음은 의심할 여지가 없다. 반대파는 다음과 같은 반대 의견을 말할 것이다. 즉 사람은 이미 '증명되고 확실한' 정신력을 내용으로 해서만 교육할 수 있다. 그렇지 않으면 사람들은 불확실한 것에 빠지고 만다고—. 이런 '보수주의'에는, 감행하는 용기와 창조력이 결해 있다고 비난해도 상관없을 것이다. 미래를 향하여 계획하는 것이 이상의 본질이요, 그러기에 또 도야 이상의 본질의 하나이기도 하다.

어느 쪽을 향하여 천부적인 교사는 결단을 내릴 것인가?

그는 다음과 같이 대답할지도 모른다. 즉 이런 결단을 할 권리가 자기에게는 없다고.—말하자면, 그는 공립학교의 교원으로서 공립학교의 도야 이상에 속박되어 있기 때문에 관청의 결정에 따라야 하기 때문이라고 하지만, 그렇게 간단한 대답으로서 끝내버릴 수는 없다. 왜냐 하면 이번에는 우리들이 이 관청 안에서 천부적인 교육자를 찾기 때문이다. 아마도 이 천부적인 교육자야말로 이 관청 안에 있을 런지도 모르기 때문이다. 거기서 다시 우리들은 먼저 '증명된 확실한 정신력'이란 무엇을 뜻하는 것인가를 추구하게 된다. 그들은 답하리라. 우리들이 서 있는 이 대지는 무엇과도 교환할 수 없는 역사적인 대지이다. 이 대지에는 획득되고 완성된 도덕적인 내용이 포함되어 있다. 우리가 말하는 말들은 부(富)와 깊이를 가지고 있고 정신적인 내용의 축적을 가지고 있지만, 그와 마찬가지로 역사를 가지고 있는 이 대지를 우리가 무시할 수는 없다고. 그러나 여하간 시련을 겪은 교육의 명인들 가운데서 낡으면 낡았기 때문에 고귀하고, 새로운 것은 새롭기 때문에 나쁘다고 하는 낙천적인 착각에 빠지는 자는 아무도 없을 것이다. 그 반대도 똑같은 오류일 것이다. 중요한 것은 오히려 끊임없이 새로운 교육적인 양심을 검토하고 있는 그 내용인 것이다. 양심에 있어서 본질적인 것은 '순간에 있어서 영원한 것'을 의식하는 일이다. 보다 고차적 자아 안에 시간을 초월한 것이 형성되도록 이 시금석(試金石)은 '선(善)으로부터 성립하기' 때문에 시간의 흐름 가운데서 변하지 않는 것을 검토하는 것이다.

변하는 가운데서 변하지 않는 것, 순간에서 영원을 의식하는 교육이야말로 우리가 바라는 최선의 교육이다. 하나를 가르쳐 열을 안다면 얼마나 교육은 수월한 것이며, 하나를 배워 열을 깨달으면 학습은 얼마나 쉬운 것이랴! 참되고 천부적인 교사는 그렇게 가르치고, 그의 밑에서 그런 제자가 나타나는 것이다. 역사는 많은 변화를 내포하지만, 그 변화 안에서 변하지 않는 것이 있으므로 역사가 존재하는 것이라고 이해한다면, 슈프랑거의 생각에 조금 접근하는 것이리라.

진정한 교사는 자기의 과업을 수행할 때 유용한 이상을

끊임없이 새롭게 검토할 것이다. 그는 고전적인 것에 경의를 표하지 않는 것이 아니라, 모든 노력을 기울여서 그 안에 시대를 초월하는 어떤 핵심에 제3의 에너지를 주려고 하는 것이다. 또 '증명되고 확실한' 것은 아닐지라도 이미 도야의 요청으로서 명확하게 나타나 있는, 새로이 도덕석으로 가치 있는 생활상을 만들어 내기 위해서 노력하는 일은 말할 것도 없이 그 의무인 것이다. 이리하여 눈 뜬 양심을 가지고 현대적 상황 위에 있으면서, 그는 또 가치 있는 과거의 내용을 낡은 정신 내용에 새로운 부분으로서 부과하지 않으면 안 되는, 말하자면 부과되어야 할 생성자(生成者)에다 연결 지우게 될 것이다. 이것이 바로 일반으로 도덕적인 책임이 있는 인간의 역사와 대결하는 태도인 것이다, 이 '규준이 되는' 도야 이상은 항상 실존적인 기반을 가지고 있다. 이 이상은 여기서 지금 약동하지 않으면 안 된다. 그러나 이 이상은 단순한 주관주의의 고립으로부터 생기는 것이 아니다. 오히려 옛날에 획득되고 지금도 획득되지 않으면 안 되는 초월적인 정신생활의 내용으로서 이상이 개성을 만족시키는 것이다. 진정한 도야의 내용을 얻기 위한 싸움은 모든 세대, 모든 사고하는 교육자에 의해서 끊임없이 반복하여 쟁취되지 않으면 안 된다. 상호간의 전문과목 사이에서—커리큘럼 가운데 한 시간이라도 '자기의 시간을 많이!'—하고 싸우기보다도 더욱 높은 차원의 형식에서 이와 같은 싸움이 일어날 경우에 그 싸움은 생산적인 것이다.

우리가 '천부적인 교사'의 본질에 따라 그 의무와 과업의 정상에까지 올라가 본 결과, 그 내용은 모두 본질적인 면으로부터 밝혀졌다. 남은 것은 그 자신의 내부에 불타고, 그 과업을 위해서 처음으로 내부의 열을 줄 불꽃에 관한 이야기만이 남아 있다.

제5장

교육애

교 육 애

어떤 정신적인 직업이라도 문화 전체의 의미 가운데서 그 독자적인 위치와 역할을 가지고 있다. 정신을 담고 있는 혼은 자기의 궁극적인 친구로서 뿐 아니라, 자기의 직분에 의해서도 형이상학적인 것과 독특한 접촉을 갖고 있다. 형이상학적이란 것은 혼의 깊이에 의해서 인식되는 의미를 주는 세계의 부리이고, 이 공간적·시간적인 세계 가운데서는 다만 비유적으로 명백할 따름이다. 정신생활의 기반은 형이상학적인 것 안에 있다. '정신의 정열'이란 형이상학적으로 분망한 존재, 즉 영혼에 있어서 천재적인 정신의 지배를 말하는 것이다. 사명 지워져 있다고 하는 것은 하나의 직업을 단순히 가지고 있다는 이상의 의미가 있다. 괴테가 처음으로 그의 빌헬름 마이스터에, '연극적 사명'이란 말을 썼듯이, 교사는 하나의 '사명'을 가지고 있다. 특별한 정신이 생동하는 곳에서는 독특한 진동의 리듬을 가지는 하나의 분위기가 만들어진다. 이곳에서 정신을 위해서 봉사하려고 하는 자는 그 분위기 안에서 호흡하지 않으면 안 된다.

'교육의 정신'에 있어 사랑을 기본 요소로 해서만 생활하고, 자기 주위에다 사랑의 베일을 편다고 하는 의견은 플라톤이나 페스탈로치를 의지한 낡은 견해이다. 이 견해가 모든 시대에 적용 되는가 아닌가는 증명되지 않았다. 역사적으로 본다면 이러한 사랑은 흔히 철두철미하게 엄격성에만 흡수되어 버린 것같이 보인다. 다른 견지로부터도 이 견해를 검토해 보도록 주장될 필요가 있다. 왜야 하면 플라톤과 동시에 페스탈로치를 의지하고 있는 자는, 아주 다른 증명을 여러 개 가지고 있어서 정말 증명되어야만 할 것이, 아직도 반 쯤 밖에 증명되지 않고 있는 것이다.

다음과 같은 사고방식은 보다 소박한 의미에서 생명을 관찰함으로써 나타날 것이다. 보다 고등한 동물에게는 자기의 자식을 보호하고 기르기 위한 배려가 보인다. 인간에게 있어서의 어머니의 사랑과 같이 이 사랑은 형이상학적인 기초를 가지고 있는 것 같이 보인다. 물론 동물의 배려는 그것이 부화의 양육이든, 유아의 양육이든, 기르는 본성에 '교사(敎唆)되어 있는' 것이기 때문에 그 양육이 '필요' 없게 되면 곧장 끝나고 만다. 이와 같이 시간적으로 한정되고 개개 부분에 훌륭히 조직되어 있는 충동을 우리는 본능이라 부른다. 이 본능에는 적어도 정신적인 것과 공통하는 점이 대단히 많아서, 이것은 개개의 것을 통해서 작용하는 초월적인 제어의 힘인 것이다. 인간에게 있어서 어린이의 보호와 양육의 필요성은—물론 중립적 수학적인 시간의 의식, 그러므로 생물학적 측정과는 다른 시간의 의식에 있어서—다른 동물보다 훨씬 오래 걸리는 것이다. 이 비교가 시사하는 것도, 모든 교육은 사랑의 매개에 의해서 행해진다는 사실을 대단히 간단한 생물학적 기초에까지 환원하고 있는 것이다. 교육애가 인간의 어디에 나타나더라도 자연히 인간 안에 위치하고, 그 안에서 야기한 대단히 근원적인 생의 충동이 승화된 것에 불과하다.

그러므로 우리들은 교육적인 사랑이란 이름 아래 무엇을 이해할 것인가? 교육에는 어떤 의미에서 젊은 생명의 육성이 포함되어 있는 요소이며, 매개물이며 베일인 것인가? 교사가 교육하며 노력할 때, 교사에게 지향과 관철

에의 정열을 주는 것이 바로 교육애가 아닌가 하고 추측된다.

(1), 부모의 사랑은 모든 교육에 대한 충동의 원형으로 보인다고 하는 가장 간단한 설명을 먼저 해 두기로 하자. 어버이의 사랑 가운데는 따뜻한 피가 지배하고 있다. 이 세상에 어머니 심정과 같은 희생심이 또 있을 것인가? 성장하는 자에 대해서 아버지 보다 성실하게 보살필 수 있는 자가 있을 것인가? 공동생활의 질서의 기초가, 또 때때로 죄나 숙명에 의해서 아주 불구가 되어 있을 때—거의 당연한 것으로 말할 수 있는 것은 교육 정신은 그 출발점을 가정에 두고 있다는 사실, 그 외에 또 더욱 교육하는 자는, 그 때 어버이의 마음을 모범으로 삼을 뿐 아니라, 본래적인 인생의 특성과 더불어 '자연으로부터' 주어진 하나의 충동으로서 그 마음을 가지고 있다는 사실이다.

교육애의 위대한 모범 페스탈로치가 아버지 마음과 어머니 마음을 의지했다는 점을 가지고 말한다면 끝이 없으리라. 하지만 이 사상은 성경이야기나 또는 페스탈로치의 부르짖음에 의해서 밝혀진 사상만큼 확실하지는 못하다. 보호와 양육, 매일 매일의 부양, 공동생활 가운데서 주어지는 성장에의 도움—이것들은 안정된 가정 안에 있는 것이라고 예측해도 좋다. 이것에 대해서는 본능과 그 위에 전통이 배려되고 있는 것이다. 그러나 이것만 가지고는 진정한 교육이라고 할 수 없다. 이른바 '교양 있는' 가정에 서는, 가난하여 경제적인 제약이 있는 가정보다도 일반적 으로 교육이 더 잘 행해진다고 하는 말은 조건부로 옳다고 할 수 밖에 없다. 교양 있는 가정에서는 외적인, 또는 내적 인 재산으로서, 보다 풍부한 '수단'을 자유롭게 구사하고 있다. 그러나 이 수단을 가진 자도 그 이용법, 즉 '기본적 인' 목표나 올바른 방법에 관해서는 아직도 자기의 어머니 로서의 본능 가운데에서 모든 교육적인 것을 빼낼 수는 없 다. 이 사실은 결국 페스탈로치 자신이 관찰한 바이다. 뿐 만 아니라, 더욱이 어머니로 하여금 어머니의 사명을 위 한 올바른 정신으로 충만 시킴에 있어 그가 그토록 고심 할 필요가 없었을 것이다. 또 아버지들이 한 번 교육하려 고 할 때 그들은 때때로 오류를 범하고 만다. 즉 아버지나 어머니의 존재, 나아가서는 아버지나 어머니의 따뜻한 사 랑 그 자체에 결코 진정한 교육자의 정신이 '갖추어져' 있 는 것은 아니다. 교육자의 정신은 부가할 수는 있어도 자 연적으로 갖추어져 있는 것은 아니라고 하는 식으로 이해 되지 않으면 안 된다. 만약 그렇지 않다면, 부모가 만날 수 있는 '천부적인 교사'에 의해서, 그토록 자주 그 대책을 강구하려고 하지 않을 것이다. 그와 같은 아버지나 어머니의 사랑은 우리들이 생각하고 있는 것과 같은 교육애로서 아직도 아닌 것이다. 그것들은 자연으로부터 주어진 것이요, 교육은 스스로 자신을 잘 아는 정신을 전제로 하고 있는 것이다.

여기서 말하는 육성이란 교육의 기본적 뜻, 미숙자를 성숙자로 기른다는 뜻이다. 본래 독일어에서 교육의 뜻에는 두 가지의 기본적인 뜻이 포함되어 있는데, 첫째는 내재적인 능력을 개발한다는 의미와, 둘째는 아래 상태에 있는 것을 위의 상태로 끌어올린 다는 뜻이 있다. 그리고 마지막의 "교육은 스스로 자신을 잘 아는 정신을 전제 한다."라고 하는 것은 소크라테스의 교육적 원형인 "너 자신을 알라"를 연상하고 있는 것 같다.

그러나 교육애의 원형은 부모가 그 자식에 대하는 사랑에 있다고 하는 반진리(半眞理)는 역사적인 사실에 기초하고 있는 것이다. 즉 우리들이 진술해 온 도덕은 가정교육을 신성하게 해 왔다. 종교가 부모의 도덕적인 의무로 되어 있는 것은 단순한 생물적인 경향의 양육을 넘어서 자기들의 후진을 위해서 근심하는 것이다. 부모 이외에 누가 그런 일을 맡아 하겠는가? 단순한 문화 가운데서는 교육의 담당자란 혈연 이외에는 일반으로는 없는 것이다. 뒤의 문화에 이르러 예배에 대해서, 병역(兵役)에 대해서,─고대 그리이스 사람들이 말한바와 같은 음악에 대해서, 체육에 대해서─여러 가지 다른 교육의 요청이 있었다. 그러나 종족이나 국민의 일반적인 문화적 유산은 가정 가운데 보존되고 전달되며 번식된다. 이리하여 아무리 간단한 문화 공동체 가운데서도 교육의 전통이 형성되는 것이다. 부모의 교육적인 지혜는 이런 전통에서 유래하는 것이요, 자연 그대로 최초의 기초가 되고 따뜻한 인정을 전해 주는, 단순한 양육의 본능으로부터 생기는 것이 아니다.

그리스도교의 영향을 받은 문화권 가운데서는 부모의 교육적인 의무는 종교적으로 확립되어 있다. 개개의 상세한 부분에 이르기까지 모두가 종교적으로 형성되어 있다. 그러므로 여기서 작용하고 있는 것은 이의 정신이요, 단순히 자연이 준 본능이 아니다. 이때 교육적인 정신이 조용히 특별한 과업을 시작하고 있는 것이다. 이와 같이 가치가 풍부한 전통으로부터 우리들은 끊임없이 많은 것을 계승하고 있다. 이것은 가정의 귀중한 재산이요, 그래서 오늘날도 아직 경건히 보호될 만한 것이다.

그러나 이것만 가지고는 충분하지 못하다. 왜냐 하면 전통이라 이르는 모든 것은 오늘날의 '현대'의 세계에서는 그 세력이 약해져 있다. 그래서 좋은 의미로 보아도 전혀 새로운 상황이 발전해 있고, 그 때문에 새로운 교육 형식이 만들어지지 않으면 안 되게 되어 있다. 그 새 교육 형식의 핵심이 되는 상태는 영원히 변함이 없다. 그 옛날에 낡은 것이 완성되어야 했던 것과 마찬가지로 지금은 먼저 새로운 것이 완성되지 않으면 안 된다. 그렇게 하는 데 필요한 것이 아주 특수한 정신적인 사랑인 교육애라고 하는 것이다. 여기서 천부적인 교사, 즉 참으로 이 정신의 정열에 감동되어 있는 사람이 요청되는 것이다. 이 천부적인 교사가 의미하고 있는 것은 소위 교육의 '전문가' 이상의 것이다.

그러므로 아버지의 마음과 어머니의 마음만이 교육의 기적을 행하는 것은 아니지마는, 자기가 기르는 자가 자기의 피를 받은 혈연이라는 감정이 있을 때 의무감이 강화되는 동시에 교육적인 정신의 감동도 강화된다는 사실을 부정할 수 없다. 자연을 기초로 하는 제 요소는 생활에 있어서나 정신생활에 있어서 마찬가지로 초월하기 힘든 조건이다. 우리는 모든 것을 관통해서 흐르고 있는 것이 실로

'인간적인 것'이라고 하고, 우리는 자기들을 모두 '인간의 자식'이라고 한다. 그러나 이와 같은 인간성 밖에 갖추지 못하고 있는 자는 아직 교육자로서 사명 지워져 있다고 할 수 없다. 사명 지워진 교육자가 되기 위해서는 자기 자신을 성실하게 교육할 필요가 있다. 단순한 교육의 본능, 그러므로 또 자연적인 부모의 애정은 그러한 높이에까지 도달되지는 않는다. '둥우리의 따뜻함' 그 이상의 것이 많이 필요한 성숙기에 아동들 자신이 이런 사실을 느끼기 시작하는 것이다.

교육애의 기본이 어버이의 사랑이란 것은 자주 이야기되고, 누구나 납득하고 있는 사실이다. 거기엔 자연적인 교육적 충동 이외에 보다 강한 피의 연결이 있기 때문이다. 그러나 피의 연결로서 교육적인 충동이, 교육에 있어서 필수불가결의 요건인 열성과 배려를 낳게 하지만, 단순히 그것만 가지고는 교육적 업무의 전부라고 할 수 없다. '둥우리의 따뜻함' 이상의 것이 필요하다고 하는, 슈프랑거의 의미하는 바는 바로 피를 초월하는 객관 정신이나 도덕, 또는 진리에의 열렬한 추구심, 탐구심, 심지어는 희생과 봉사까지 부가하고 있는 것이다.

(2), 플라톤에 의하면, 교육애는 그 기원을 전혀 다른 방

향에 가지고 있다. 그는 그 당시 그리이스 사람들의 소년애(少年愛) 내지 동성애(同性愛)의 악습에 대하여 깊이 정신화 된 의미를 그것에 부여하면서, 그것에 반대할 것을 시도했던 것이다. 여기서 역시 자연적이고 관능적인 기호(嗜好)가 전제되어 있다. 교육자는 자기 제자들의 젊음의 미를 먼저 사랑한다. 그것이 교육자의 마음을 끌고, 경우에 따라서는 '감격시키기도 하는' 것이다. 그의 철학적인 시(詩)의 '향연' 가운데서 플라톤은 '동성애적인' 에로스를 가지는 정열을 다음과 같이 설명하려고 했다. 즉 그들 가운데에는 에로스라고 하는 이름의 반신(半神)을 둘러싸고 신비적인 예감이 정말로 일어난다고 한다.

플라톤의 에로스설은 그 기원을 그리이스 신화에 두고 있다.

이와 같은 에로스가 또 교육적인 것이 되기 이전에는 여자 예언자 디오티마가 소크라테스에게 계시하지 않으면 안 되었던 몇 가지의 단계가 있다. 왜냐 하면 소크라테스 자신은 언제나 아무 것도 모르는 체하기 때문이다. 이 에로스적 감정은 한 사람의 아름다운 육체에 대한 사랑으로부터 시작한다. 이 에로스가 아름다운 육체의 모든 것에 향하게 될 때 그 사랑은 정신화 되어 있는 것이다. 왜냐 하면 그는 비밀리에 많은 형태로서 나타나는 이미(일반적인) 아름답다고 하는 것을 사랑하고 있기 때문에, 에로스는 정신화 되어 있는 것이다. 그리이스인인 플라톤은 육체의 배후에는 필연적으로 아름다운 혼이 있다고 하는 — 매혹적이지만 그릇된 사상을—전제하기를 주저하지 아니했다. 이 에로스가—제3의 단계—즉 아름다운 혼의 단계에 이르러 다시금 정신화 된다. 여기서 먼저 미해결로 남아 있는 점은, 즉 그것을 아름답다고 생각하고 있었는가, 또는 그것의 내면적이 것으로부터 고상하게 하려고 생각했던가 하는 것이다.

그 다음의 두 개의 단계는 혼을 아름답게 하는 특성을 다른 표현으로 나타내었다. 그리이스 인의 생각에 의하면, 규준을 가지는 것, 균형이 잡힌 형태를 가지는 것은 모두가 미(美)인 것이다. 혼에 대해서는 혼을 고상하게 하는 아름다운 지식이 미(美)인 것이다. 제3의 단계에서는 미는 실천적인 태도에 있어서 그 빛이 나타난다. 이 때 에로스라고 함은(본래의 그리이스어를 번역하려고 한다면) 아름다운 생활 태도에 해당한다. 여기서 처음으로 미의 정점에 도달하는 것이다. 지금까지 말해 온 단계에서는 궁극적인 것, 독자적인 것, 즉 미의 이념, 또는 '미 그 자체'가 베일을 통해서 비치는 그 베일에 관해서 만이었다. 그 초자연적인 것을 예감한다든가, 혼의 상승으로 감동을 주어 왔다. 그래서 최후로 알게 되는 것은 자기 자신에 있어서 자기 자신과 일체가 되어서 영원히 존재하는 것이라고 정열적으로 강조하는 것이 무엇을 의미하느냐 하는 것이다.

에로스의 발전 단계는 제1단계로 우선 동성애적 애의 에로스, 즉 육체적 애의 단계이고, 제2의 단계는 육체의 부분이 아닌 전체 즉 정신화 된 단계이고, 제3의 단계는 그 전체 정신화의 배후에 있는, 한 층 더 정신화 된 단계로서 영혼의 단계이고, 이 단계에서 내면성의 고상화를 고려하게 되며, 제4의 단계는 어떤 규준과 균형에 대한 감각으로서 미(美)의 단계의 에로스로 진전하고, 마지막 제5단계에서는 아름다운 생활 태도에서 에로스는 완성되는 것이다. 즉 영원을 지향하는 단계이다.

플라톤에 의하면, 미(美) 그 자체와 동일한 것이다. 이 세 가지 이념을 서로 연결하는 의미가 발견될 때 비로소 미와 선의 동일시를 이해할 수 있게 된다. 그리이스인 플라톤에게 있어서 미란 규준을 가지는 것이었다. 장식된 우주, 즉 코스모스 가운데서 궁극적인 규준을 주는 것을 나타내는 것이 근원적인 미이다. 그러므로 말하자면, 그것은 위에서 아래로 비추면서, 선(善) 즉 모든 태도의 참다운 질서를 결정한다. 그러나 혼이 이 궁극적인 높이에 도달되면 혼은 유일한 것, 궁극적 진리를 동시에 볼 수 있다. 진리(희랍어로는 아레떼이아)란, 즉 말의 처음 의미에 의하면, 은폐되지 아니하는 것을 뜻한다. 거기까지 도달된 자라면 세계를 연결하고 있어 환하게 내다 볼 수 있다. 그러나 그 상승 자체는 에로스의 날개의 힘으로 올라가는 것이다. 처음에 에로스가 자기의 정열의 참다운 대상으로서 선택하는 것은 나타나는 형태, 예컨대 개개의 육체나 육체의 아름다움인 것이다. 그러나 그것은 정신의 정열로 순화된다. 플라톤은 다음과 같이 동향의 사람들에게 부르짖으려고 했다. 즉 "너희들이 아름다운 한 소년을 관능적으로 사랑한다면, 위대한 소크라테스도 여자 예언자인 디오티마가 먼저 가르치지 않으면 안 되었다는 것, 즉 너희들은 실제로는 개개의 모상(模像) 가운데서 세계를 형성하는 미를 사랑하고 있다는 사실을 아직도 예감하지 못하고 있다."라고. 근원적인 미는 진실인 동시에 선인 것이다. 이 삼위일체의 이념의 광채 안에서 마음이 고귀한 사람들에게는 관능적이고 매혹적인 형태가 사라지고 만다. 이런 이념의 무한한 빛에 현혹되어서 그는 자기에게 무엇이 생기고 있는지 모른다. 그러나 "영원히 이념적인 것이 그를 인도한다."

조형적인 것에 마음이 끌린 그리이스 인들에게 특징적인 이 사상은 이것만으로 서는 아직 교육적이 되지 못한다. 그러나 에로스가 청년과 그 청년의 사랑을 받는 소년 사이의 정신적인 교류를 결정하는 요소가 되거나 안 되거나 이 사상은 교육적인 것이 된다. 두 사람은 이념의 요구가 살아 있는 이상과 이상 상에 복종하게 된다. 그것에 의해서 그들은 서로를 교화하게 된다. 연상자(年上者)는 연하자의 혼 가운데 영원한 것과 불사의 것을 탄생시키려고 열망하는 것이다.

플라톤의 비류(比類)없는 시는 본래의 에로스의 의미를 나타내기 위해서, 결국 또 다시 떠오르지 않으면 안 되었다. 플라톤의 후계자 가운데서 많은 교육자들은 동성애적인 경향에 머물 필요가 없는 교육적인 에로스를, 하나의 전형, 하나의 근본적인 태도에까지 발전시켰다. 특히 르네상스가 이 에로스를 육성시켰다. 위에 이것이 빙케르만의 미에의 도취에 의하여 신 인문주의자 일파 가운데서 새로운 활기를 찾고, 일반적인 그리이스 숭배로 결과했다. 미학적인 특징도 인정할 수 없지만, 그와 같은 이상적인 간격의 위험도 간과할 수 없다. 이미 키에르케고르가 비난하고 있는 미적 감격의 무책임성에 관해서는 그냥 두더라도 교육적 에로스 가운데는 성적인 부속 음이 포함되어 있는 것이다. 그 속에 포함되어 있는 충동적인 요소를 억제하는 것은 언제나 될 수 있는 것이 아니다. 순수한 이상적인 상태의 지배력이 이미 괴이하게 되기 시작하면 '교육적인 섯'이 악덕에 가까워지게 된다. 에로스적인 것으로부터 교육자에게 주어지는 간격이 아무리 풍부한 것일지라도 그는 엄격한 금욕의 의무가 있는 것이다. 그래서 우리들은 여기서 다시 우리가 그것을 구해서 출발한 참다운 진실로 순수한 지향에 근거하는 교육애란 현상은 우리들 앞에 없음을 감출 수 없다. 그 위에 귀족적인 일면성(一面性)이 마이너스 면에서 작용하고 있다. 즉 교육정신의 정열을 고무하는 것은 소년의 미도 아니요, 나아가서 혼의 아름다움도 아닌 것이다. 그 두 가지 다 은혜로운 행운이요, 진실한 도덕적인 것과 이 두 가지의 관계는 의심스럽다. '순종(純種)'이 가치는 있지만 그 가치란 최고 가치와는 거리가 멀다.

임기응변적인 요청의 행위로서만이 우리는 이 순순히 정신적인 에로스를 인정할 수 있지만, 죄나 고뇌, 곤궁, 죽음의 곁을 자나가면서 최고의 미를 있게 하는 사명만을 혼에 부가한다고 하면, 그것은 그리스도 교의 학교에 의해서 심화된 인생관과는 이미 일치할 수 없는 것이다. 또 이미 가운데 신적이라 불릴 만한 모든 것을 의미하더라도 전체 사고가 역전하게 되어 우리는 또 페스탈로치의 곁으로, 그러나 이번에는 그리스도 교적인 기원을 가지는 그의 교육애 가운데서 동기를 찾게 되는 것이다.

(3), 괴로워 위축된 혼을 구제하는 일이야말로 그리스도 교적인 사랑의 계율이다. 이러한 종교적인 태도로 말미암아 교육애는 인간이 부정적인 측면에서만 필요하고, 다만 그것과 싸우지 않으면 안 되는 것처럼 이해되어 왔다. 확실히 인간 생활 가운데는, 인간의 마이너스 면을 증명할 만한 현상이 있음을 무시할 수 없다. 인간은 결국 여러 가지 육체적인 위협에 직면하고 있다. 인간이 시간적인 추이에 제약되어 있다고 하는 사실이 끝없는 영혼의 고뇌의 원천인 것이다. 인간이 그리스도 교의 가르침을 따라서, 창조 초기의 질서 가운데 나타난 형태에 비하면, 타락하고 원죄에 빠져 있다. 그러므로 인간의 본질적 중심에는 죄가 잠자고 있다. 모든 점이 미숙기에 특히 큰 것은 당연하다고 부가해 본다면,—심층 심리학적인 방면에서도 어린이나 청년들의 본질적인 열등감에 관해서 이야기하고 있

기 때문에—어린이는 다만 동정과 연민의 기분을 가지고, 적어도 그 죄의 상태를 슬퍼하는 기분만을 가지고 접할 수 있다고 하는 것은 이해할 수 있을 만한 일이다.

사회 질서의 결함 때문에 경제적인 고뇌나 도덕적인 불량 상태에 떨어진 아이들에 대해서는 특별한 원조가 주어지지 않으면 안 된다. 고도의 자본주의의 초기에 있어서는 그것이 청소년들의 집단적인 빈곤이라고 알려지고 있었다. 산업적인 기술적인 사회가 청년들을 고용할 때, 언제나 심한 곤란에 직면해 왔었다. 온정이 있는 교육자들이 고뇌하는 아이들을 특별히 돌보아 주었다는 사실은 이리하여 납득할 수가 있다. 그들은 자기들의 체험을 기초로 해서 교육애를 구조 작업과 동일하게 보는 경향이 있었다. 많은 사람들은 단순한 동정으로부터 행동했지만, 다른 사람들은 남을 돕고 고민을 같이 하며, 혼을 구조하는 인인애(隣人愛)를 도덕적인 것의 핵심으로 삼고 있는 높은 도덕적인 품성을 실증했단 것이다. 이와 같은 기술 태도가 이해되고 실현될 수 있는 은밀한 경지에까지 발을 들여놓는 일은 여기서는 적당하지 못하다. 그리이스적인 아가페와 로마적인 카리타스는 이미 전연 동일한 것이 아니다. 19세기에 나타난 그리스도 교 사회 운동은 또 새로운 특징을 거기에 부과했고, 이 운동이 교육 활동에 있어서 최고의 은혜 받은 활동을 하게 했던 것이다.

그리스도 교적 범위에 있어서 종교적 및 도덕적 의식을 기초로 하여 행해지는 모든 종류의 사회공공 사업을 말하는 것으로, 특히 종교적 신앙 수양을 목적으로 하는 자체 조직은 아동교육, 고아, 병자, 노약자, 빈민의 구조, 청년 교화, 일반으로 국민의 지도, 교양, 특히 도덕적 및 사회적으로 약한 자의 교도, 감화원적 구호 사업, 노동자, 유태인, 또는 부인을 위한 원조 등을 포함한다. 로마 교회에서는 단순히 카리타스를 '사랑'을 의미하는 뜻으로 많이 쓴다.

이 그리스도교의 사람의 지향이 아무리 존귀한 것이고, 그것이 아무리 여러 가지 형태를 취하여 도덕적인 세계 안에 높이 솟아나 있어도, 특별한 교육애를 다만 그것과 동일시하는 것은 역시 오류가 아닐는지? 교육에는 아가페와도, 카리타스와도, 그리스도 교적 사회적인 구호 운동과도 연결되어 나타난다. 이와 같은 연결을 실제로 만들어 낼 수 있는 사람들은 교육사의 위대한 현상의 하나로 되어 있지만, 교육적인 정신의 특성은 그것으로 다 되는 것이 아니다. 교육의 정신은 죄나, 경제적인 곤궁이나, 혼의 괴로

움 등을 인간 생활을 결정하는 중심 문제로 보지 않을 때라도 역시 없어서는 안 될 근원적인 독자적 지향을 가지고 있는 것이다.

우리가 여기서 열중하고 있는 고찰은 오로지 철학적인 방법으로 해결 짓지 않으면 안 된다. 종교적인 기초를 가지는 관점과의 내결은 우리가 의식적으로 설정한 경계를 넘어 있다. 계시적인 종교는 비평할 수 없다. 하지만 간단한 사실의 확인은 가능할지 모른다.

문화생활의 연관 가운데서 교육애가 다른 정신적인 애(愛)의 형식과 합일하여 나타날 때는 그것들이 서로 직접으로 조화하는데, 그 단계가 대단히 여러 가지 있다. 인간은 본질적으로 타락했다고 하는 신앙이 지배적인 곳에서는—여기서는 죄의 유전이라고 하는 것이 순전히 정신적으로만 해석될지도 모른다—교육의 지향을 순수한 것으로 향하여 높일 필요가 배가(倍加)하겠지만, 그 위에 교사 자신도 그 죄악관의 숙명에 빠져 있기 때문에 교육하는 것도 거의 희망이 없는 일이 되고 만다. 인간이 본질적으로 두 개의 세계에 속해 있는 것과 같이 인간은 선과 악의 중간에 서 있다는 사실을 부정할 자는 아무도 없으리라. 그러나 천부적인 교사는 자기의 성실한 노력이 본래 희망이 없는 것이 아니라고 하는 신념으로 충만 되어 있을 것이다. 현실을 냉정하게 생각하면 생각할수록 그의 마음 가운데 있는 보다 좋은 가능성을 믿게 된다. 그는 이 두 개의 마음을 가지는 사람, 두 개의 세계 사이의 방랑자를 자기의 겸허한 힘으로 조금이라도 도와주려고 할 것이다. 그때 교사가 근본적으로 염세주의에 빠져 있다면, 그것이 종교적으로 깊이 기초 지워져 있다 하더라도 자기 안에 있는 '교육적인 것'은 그것에 의해서 무력화하고 말 것이다.

루소는 놀랄 만한 대담성을 가지고, 인간은 '나면서'부터 선하다고 하는 확신을 고백했다. 엄밀히 말한다면, 태어날 때는 선도 악도 아닌 것이다. 또 순수한 낙천주의도 있을 수 없다. 왜냐 하면 염세주의에 대한 강한 충동이 없는 한, 낙천주의도 다이나믹한 의미를 가질 수 없기 때문이다. 마찬가지로 이와 반대로도 말할 수 있을 것이다. 중요한 것은 사람이 그 어느 편을 강조하느냐 하는것 뿐이다. 교육자는 선이 이긴다고 확신하지 않으면 안 된다. 그것에 의해서 이미 참다운 교육에의 본질적인 계기가 나타나게 되는 것이다.

교육자는 선에 대한 강한 집념 없이는 교육할 수 없다. 만약 악을 이기고 선을 쟁취할 수 있다는 신념이 없다면 교육의 필요성이 없을 것이기 때문이다. 인류 역사가 시작되면서 교육은 있었고, 그것이 보다 더 의도적 조직적으로 구상되면서 선이 이긴다는 신념은 더욱 강화되었다고 볼 수 있다. 극단적인 경우, 죄수를 교육적으로 다루어야 한다는 오늘날의 사조는 교육적인 의미가 한층 강화된 증거라고 할 수 있나.

말할 필요도 없이 이와 같은 모든 사고는 여기서는 극히 단편적인 것에만 제한할 수밖에 없다. 모든 높은 차원의 사람은 그것을 이해하면서 취하는 사람에 대해서는 이미 그 사람은 교화하고 있는 것임에 틀림이 없다. 그 사랑은 동시에 사랑하는 자를 교화시키게 된다. 모든 순수한 사랑은 사람을 고상하게 한다. 그러나 혼의 에로스도, 카리타스도 간단히 교육애와 일치하는 것은 아니다. 부수하는 강한 지향으로서 교육애는 이 양자에 관여할 수도 있고, 이와 같은 화합을 역사적으로는 위대한 정신력으로서 증명할 수도 있다. 그러나 '교육적인 것'이 때에 따라서 다른 표현을 할 수 있다는 사실은 이미 그 자체로서 본다면 그것이 무언가 독자적인 것임을 나타내기 때문이다. 그래서 이 특별한 교육애의 문제를 먼저 해결하지 않으면 안 된다. 그렇게 한다면, 이들 사랑의 화합을 보다 잘 판단할 수 있을 것임에 틀림없다.

(4), 개인적인 사랑은, 아주 일반적으로 말하자면 두 가지 형태로 나타난다. 즉 사랑은 첫째 따뜻하게 감싸고 도와주는 애정으로서, 다른 혼에 적어도 그 혼의 전부에 대해서 향하는 개인의 정신적인 태도를 말한다. 만약 다른 혼의, 어떤 특정한 부분밖에 사랑하지 않는 사람이라면 사랑이라고 하는 완전한 지향이 거기에는 없는 것이다. 둘째, 사랑은 이미 정신이 눈뜬 두 개의 개성이 연결되는 상태이며, 그 애정은 서로 주고받는 남남이 필요하다. 세 사람 사이에서의 애정은 이와 같은 '너와 나의 관계'가 누구에 대해서도 성립할 때만 가능하다. 하나의 "서클"을 만들어 내는 몇 사람의 친구 사이에서의 공감은 개인적인 사랑으로부터 아직도 먼 거리에 있다. 이것이 언제나 강조되는 너―나의 관계인 것이다. '너'가 그의 쪽에서도 이쪽을 사랑하게 되면, 이젠 일방적인 애정이 상호의 애정으로 변해서 단결의 상태를 낳게 된다. 이와 같은 상태가 언제나 일어난다고는 할 수 없다. 실로 교육애만은 일방적으로도 지속할 수가 있다. 또 정신이 눈뜨지 아니한, 그렇기 때문에 자기가 사랑 받고 있는 의미를 전혀 모르는 자에게 사랑이 향하고 있을 때는 항상 그것은 교육적인

사랑인 것이다.

교육애는, 필연적으로 개인에게 향하는 것이다. 이 사랑이라고 하는 용어는 이탈리아 인을 사랑한다든가 청소년을 사랑한다, 또는 갈색 머리의 여성을 사랑한다고 하는 표현을 가능하게 하지만, 이런 여러 가지 의미가 여기서는 문제되지 않는다. 나는 틀림없이 내가 맡은 제4반의 학생들을 사랑한다고 할 수가 있다, 그 때 나는 그들이 좋고 그들에게 호의를 가지고 있다는 뜻이다. 이것은 교육애와는 전연 다른 것이다. 교육애는 보다 고차적인 단계의 것이요, 하나의 개성이 타의 개성을 감싸주는 형태의 사랑인 것이다. 이렇게 단정한다면 물론 곧 다음과 같은 의문이 생긴다. 즉 많은 개성과 동시에 그러한 상태에 있을 수가 있을 것인가 하는 것이다. 이것은 완전한 의미로서는 가능하지 않는 것을 인정한다. 교육은 사랑의 매개를 전제로 한다고 우리는 페스탈로치와 함께 주장하기에 습관화되어 있다. 그러나 그것이 무엇을 의미하고 있는가를 충분히 생각한 사람은 별로 없다. '사랑의 매체'란 그 가운데서 사람들이 공생 공존하는 풍토를 의미한다. 개인적인 사랑은 멋대로 분할할 수 없을 만큼 강하게 인간 전체를 지향하고 있다. 교육적인 사랑도 역시 그렇다. 그러므로 이로부터 말할 수 있는 것은 하나의 이상뿐인 것이다. 우리가 여기서 그려내려고 하는 천부적인 교사의 상(像)이 마침내 하나의 이상적인 상이 되도록 교육애에 있어서도 또한 최고의 경우를 의미하고 있는 것이다. 즉 모든 진실한 교사는 이 정신적인 태도가 '무엇인가'를 마음에 품고 있다는 사실이 바람직한 것이다. 사람은 이러한 일반적인 매개 또는 풍토는 현재 대단히 부족하다고 해도 좋다. 만일 내가 이미 교사의 직업을 선택했다면, 그런 젊음에 대해서 즐거움을 가지도록 사람들이 나에게 요구해도 좋은 것이다. 그런 높은 차원의 개인적인 사랑의 불빛, 즉 그 중심이 교육적인 사랑의 불빛이 적어도 내 가슴속에 타오를 때, 나는 그 때 비로소 교사가 되는 것이다. 이것을 다음에서 보다 상세하게 진술해 보자.

교육의 성과가 진리에 대한 열렬한 추구와, 가치에 대한 사모와 문화에 대한 희구, 동경에 의하여 나타나는 것을 이미 앞에서 보아온 바이다. 한편 하나의 교사가 한 개체인 학생을 상대로 교육할 때, 만약 진정한 의미에 있어서 교육적 관계가 성립하기 위해서는 너—나의 관계가 사랑의 매체를 통하지 아니하고는 불가능한 것이다. 그것은 물리적인 어떤 변화를 초월한 영혼적 변화, 환언하면, 근본적이고 본질적인 변화를 가져오는 것이 아니고는 만족될 수 없는 교육적 관계이다. 교육애가 개인을 그 상대로 하는 점이야 무시할 수 없는 것이지만, 그 개인 의 어떤 부분적인 의미에서가 아니고, 전체적인 의미, 즉 전체 인간적 의미에서 개인을 상대로 하는 것이기 때문에 마침내는 인간적(넓은 뜻의)의 의미의 전체 인간과도 연관되는 것이다.

어떤 종류의 개인적인 사랑도 그것은 인간 전체를 향하고 있다고 하지만, 실제로는 어느 한 방향에 특별히 강한 경향을 가지고 있다. 교육애는 그와 같은 특별한 형태인 것이다. 이러한 표현 가운데에는 타인을 육성(育成) 시키려고 하는 뜻의 의미가 들어 있다. 이 사실로부터 첫째의 현저한 특징으로서 들 수 있는 것은, 요청하는 사랑이란 점이다. 진실한 사랑은 절대로 이기적인 것이 아니다. 진실한 사랑은 아무 것도 요청하지 않고, 모든 것을 기대하고 또 모든 것을 주는 것이다. 육성하는 사람도 마찬가지로 이기적이 아니다. 이러한 사람은 사랑하는 것 그 자체를 위해서 조성하고 교육하려고 하는 것이다. 그 때 사랑이 기대하고 있는 것은 그 사랑으로 해서 '요청되는' 모범상이 그 상대의 가치를 높여 주고, 그에 의해서 상대가 더욱 사랑할 가치 있는 것이 된다. 이와 같이 주는 것의 정당성은 오로지 형이상학적인 것 안에, 즉 여기서 바라는 바 모범적인 가치를 믿는 것 안에 있다. 이런 신념이 없는 곳에서는 도저히 진실한 교육적인 상태가 불가능한 것이다. 단순히 직무상 임명된 것만으로 서는 그것을 만들어 낼 수 없다. 즉 말하자면, 그것은 교육적인 본질 상황을 만들어 내지는 못한다. —"그것을 만들어 내지 못한다."고 하는 것은, 즉 보다 깊은 교화에 도달하지 못한다는 뜻이다. 왜야하면 그것에는 임명과 같은 것을 초월한 '정신의 정열'이 필요하고, 우리는 그것을 항상 '교육적인 것'의 핵심으로서 창조하고 싶은 것이다.

교육이란 뜻이 독일어에서 피교육자의 내재적인 능력을 밖으로 끌어내어 개발한다는 뜻과, 미숙하고 무능한 상태로부터 성숙하고 유능한 상태로 육성시킨다는 두 가지 의미가 있음에서, 후자의 뜻을 취하여 육성하는 사랑이라고 표현한다. 그러나 그것 없이는 완전하지 못하기 때문에 필요하고 요청하는 그런 요청을 충족시킴으로써 완전하게 되는 것이 진정한 의미의 육성인 것이다.

교사가 반 쯤 비인식적 요청으로서 학생들에게 주려고 하는 제 성격은 학생에게는 아직 가지고 있지 않는 성격으로서, 그것이 그 아이가 사랑 받는 원인이라고 할 수는 없을 것이다. 이리하여 교육애의 제2의 특징이 드러난다. 즉 교육애는 성장하는 인간에게 주어져 있는 가능성을 사랑하는 것이다. 우리가 불꽃에 비유한 교육애의 광휘 속에서 이 가능성은 비로소 드러나게 된다. 이 사랑은 아직도 씩드지 않는 가능성을 예지(豫知)하는 특별한 천분을 가지고 있다. 이 사랑에 의해서 예측한 바와 같이, 그 가능성이 언젠가는 꽃피게 되는 것이다. 이러한 교육자에 의해 긍정된 가능성의 일부는 대단히 일반적이고 정신적인 인간의 본질과, 보다 고도의 자기에 해당하는 것이요, 다른 일부는 이 유일무이(有一無二)의 개성을 암시하는 것이다. "너는 그렇게 하지 않으면 안 된다, 내가 너를 그렇게 믿기 때문에!" 개성이 자람에 따라서 사랑의 감격은 강화된다. 왜냐 하면 개성이 고상하게 되어 가는 모습을 보고 있다고 믿기 때문이다. 사랑은 이리하여 또 고양(高揚)된 모험이 된다. 그런데 모험 없는 사랑이 있을 것인가.

성장의 가능성을 사랑한다는 슈프랑거의 이 주장 안에는 인간에 대한 끝없는 신뢰가 있는 것이다. 만약 우리가 현상 세계에 명백한 악을 볼 때 거기에 숨어 있는 성장의 가능성을 믿지 않는 다면 교육은 얼마나 맹목적인 것이 되고 말 것인가? 교육의 이름이 휴머니즘으로 변신될 때도 만약 이 성장의 가능성을 고려하지 않는다면 얼마나 궤변적인 교육을 낳고 말 것인가? 사랑이 모험이라고 하는 것은 얼마나 겸손한 표현일까? 만약 교육애가 모험이 아니고 명확한 것이라고 한다면, 교육은 얼마나 공리적이며 상업적이 되며, 부도덕을 내포할 것인가? 근본적으로 사랑이라고 하는 것은 주는 것이라고 하지만 주는 것만큼 받는 것을 뜻한다. 그러나 그 받는다고 하는 것은 똑같은 형태로 또는 등가치(等價値)로서, 물물교환이 아니고 물질적인 줌에서 정신적인 받음과 같은 형식의 '기브 앤드 테이크'를 말하는 것이다. 그러면서도 기약 없는 주는 것이기 때문에 사랑은 모험이며, 모험이어야 할 것을 주장하는 것이다.

교사의 이 요청하는 태도가 정당한 것은 인간 위에 지배하고 있는, 그리고 인간들 사이에 지배하고 있는 규범적인 법칙뿐만 아니라, 타당한 사물의 법칙에까지도 의존하고 있는 것이다. 자연은 불변의 법칙하에 있다. 그 자연 법칙을 인식하는 인간의 정신은 그 법칙을 바꿀 수 없으며 따르지 않으면 안 된다. 때때로 정신이 사태의 추이에 대해서 향도적인 역할을 할 수 있지만, 그 경우에도 그 자체의 법칙들은 바꿀 수 없다. 문화의 각 분야도 그 하나하나가 특별한 의미와 내용의 법칙을 가지고 있고, 그 법칙에 의해서 구성되며 문화 전체의 안에서, 문화 전체에 대해서 하나의 역할을 수행하고 있다. 학문도 그 고유의 법칙을 가지고 있다. 경제도, 기술도, 예술도 역시 마찬가지다. 그 사람이 장차 이 분야에서 어떤 종류의 업적을 남겨야만 한다면 또 다음 공식이 타당한 것이다. 즉 그는 그 때 그 사물에 합당한 법칙을 무시할 수 는 없다고 하는 공식이다. 그는 이들의 문화의 영역을 자기 양심의 요청에 따르면서, 단계적으로 순서를 밟아서 자기의 행동 전체(생활구조)에 적응시킬 수 있고, 적응시키지 않으면 안 된다. 업적을 남긴 것을 요청하지 않는 교육은 생각할 수 없다. 아무리 위대한 천재들에 있어서도 멋대로의 것은 허용되지 않는다. 오히려 역으로 영원한 법칙적인 연관을 예감하는 가운데 천재는 존재하는 것이다. 장차 맹목적인 자에게 불행이 엄습해 오지 않도록 하기 위하여, 교육애는 오늘에 있어서 엄하게 하지 않으면 안 된다. 그래서 교육애는 당장 요청을 하면서도 그 요청 안에 얼마나 많은 향도적(嚮導的)인 애정이 포함되어 있는가에 대해서는 이해하지 못하고 있다는 사실을 이미 각오하고 있는 것이다. 대단히 온정적인 교사들도 때때로 그것을 이해하지 못했었다. 그 때문에 그들은 '올바른' 사랑을 가지지 못했다고 하는 항의를 받게 되는 데, 사려 깊은 사람이라도 이런 항의는 받지 않을 수 없는 것이다. 그러므로 교육애에 있어서 필요한 제3의 것은 자연적인 생명이나, 정신적인 생명 모두가 따르고 있는—그들 각각은 아주 판이한—법칙을 인식하도록 부드럽게 인도하는 것이다. 이러한 법칙을 기초로 해서만 '진실한' 자유가 자라게 된다. 진정한 사랑은 사랑하는 자를 자유롭게 해 주려고 한다.

양심을 결단하는 경우, 문화의 각 부분의 독자적인 법칙성을 함께 고찰하는 방법에 관한 대단히 인상 깊은 예가 그리스도교 민주동맹의 함부르크 당대회에서 헤룬드 틸레케의 위대한 연설가운데 있다. 여기 향도적 애정이란 교사의 애정에 대한 특수한 표현이다. 사실 부모의 애정이 다분히 충동적이며 때로는 맹목적인데 대하여, 교사의 그것은 전후좌우를 숙고한 이성적(理性的)인 것이다. 그러기에 미래(未來)에 대한 지향(志向)을 가진 현재의 지도적 애정은 향도적(嚮導的)이라 할 수 있을 것이다.

그러므로 교육애는 또한 독특한 공동체를 만들게 된다. 그들 공동체를 아무렇게나 버려 둘 수는 없다. 이 공동체는 될 수 있는 대로 많은 교육애의 반작용이 즉시적(卽時的)으로 일어나도록 그렇게 만들어지는 것은 아니다. 여기서 요청이 필요한 것이다. 다른 지향으로부터 생기는 카리타스의 사랑이 특수한 경우 많은 요청을 단념할는지 모르나, 그때는 누구나 이해할 수 있는 보다 깊은 이유가 있는 것이다. 그러나 청소년의 공동체를 교육애에 의해서 인도할 때는 결코 현재만을 보고 있는 것이 아니고, 항상 또 미래까지도 보고 있는 것이다. 교사가 자신이 보호하는 아이들과 더불어 '공동의 사물'을 사이좋게 명랑하게 만들어 낼 때도 역시 사물의 법칙과 도덕의 법칙이 여기에 작용하고 있는 것이다. 이들 법칙이 사랑 가운데서 용해되어 버리는 일은 없다. 예수도 이런 법칙은 없애지 않고 그 법칙을 안으로부터 자유로이 동의하는 정신으로 충족시키려고 했다. 이 정신이 교육에 있어서도 궁극적으로는 중요한 것이다. "너희들의 의무를 사랑하라."하는 계율이 성장하는 자들의 마음속에 새겨져서, 그 요청이 사랑으로부터 나오는 것임을 그들이 차차 주목하도록 하는 곳에, 이 교육애의 기술은 극치를 이룬다고 해도 좋다. 그러므로 교육애의 제4의 특징은 사랑으로서 싹틀 수 있는 씨앗을 사랑을 가지고 심는 일이다. 교육애는 이것을 따뜻한 헌신에 의해서 행하고, 태만한 위임이나 멋대로의 기분으로 행하지는 아니한다. 학생들도 또 자기 스승을 사랑하는 상태에 이르게 되면, 이상한 힘이 나오게 된다. 아이들은 보다 성숙했다고 느끼게 되고 자기의 본질을 예감하게 된다. 여기에도 하나의 이상화(理想化)가 나타난다. 모든 우연성과 결함을 다 가지고 있는 개인은 간단히 모범이 되는 것이 아니고, 관념적으로 모범이 되는 것이다. 이렇게 눈뜬 청소년 가운데 인간을 이상화하는 힘이 꽃 피게끔 정신의 본질이 만들어져 있다. 정신적으로 봄으로써 이상화하는 것은 도야 과정에 있어서 하나의 비밀이다. 가치 있는 것과 자기를 동일시해야 하며, 교사가 가지고 있는 우연한 성격과, 자기를 동일시해서는 결코 안 된다. 성장하는 어린이에게도 진정한 사람이 생겨나지 않으면 안 되고, 아무렇게나 모방해서는 안 된다. 자기를 시험적으로 성인과 동일시하는 본능적인 현상은 역시 본래적인 도야 과정이 아니라는 사실을 심층심리학은 자주 망각하고 있다.

이리하여 전 인격 상태가 서로 서로 상보하는 상태에까지 달할 수 있다. 이 상태는 인간 생활에 나타나는 가장 아름다운 것의 하나다. 심신, 아울러 생산적인 합일에 이르는 사랑, 에로스에 있어서 남녀의 혼이 서로 만남과 마찬가지의 사랑, 시인들이 이 사랑을 찬미해 온 것은 결코 이유 없는 것이 아니다.

자연적인 형태로서 연상자인 교육자가 연하자 에게로 향하는 것은 인간 생활이 생물적인 자연의 제약을 받고 있음에 연유한다. 교육애가 아무리 정신화 되어 있어도 그것은 세대 관계의 기초 위에 있는 것이다. 뒤에 태어난 자들은 이미 어른이 된 자들로 부터의 사랑에 찬 도움을 필요로 하며, 어른들은 젊은 사람들이 정신생활에 있어 그들의 올바른 길을 걸어가는 데 대한 책임을 지고 있다. 그러므로 교육애가 역으로 연상자에게 향한 경우, 그 본질적인 의미로부터 본다면 있을 수 없는 일이라고 해도 좋다.

청소년의 생활에 대한 즐거움도 교육애의 따뜻함에 공헌하고 있는 것이다. 같은 세대 사이에는 앞서 말한 '정신의 정열'과 비슷한 것이 나타나는 수도 있다. 서로 친밀한 젊은 사람들이 자기들의 교우 관계 속에서 서로를 향상시키는 지향을 갖고 있는 것도 진귀한 일은 아니다. 실로 그것은 본래적으로 정신적인 기초를 가지는 우정의 한 가지 본질인 것이다. 즉 그 두 사람 가운데 어느 쪽도 본질적인 모습으로 나타나고 본질적인 모습으로 보이는 규범적인 이상을 향하여 함께 노력하는 것이다. 그러나 이 우정이 아무리 아름다운 것이라도, 그것은 '천부적인 교사'라는 테마에서는 이미 제외되고 있는 것이다.

다시 부언한다면, 지금까지 진술해 온 교육애는 내가 '교육학적 전망'이라고 한 책 가운데서 말한 여러 가지 교육의 형식과 연결될 수 있는 것이다. 그것에 대해서도 상술하고 싶지는 않다. 이른 바 자유로운 형식만이 사랑과 결합할 수 있다고 생각한다고 믿고 있다면 그것은 오해다. 사랑은 속박 가운데에도 존재한다. 왜냐 하면, 이 속박은 한번은 사람이 그렇게 해야 할 모습에 대한 예측적인 시야로부터 생기기 때문이다. 교육 활동에 있어서 자유롭게 하는 것이 보다 어려운 방법인 것과 마찬가지로,—왜냐 하면 그것은 참다운 교육적인 기본 태도의 낭비에 빠지기 쉬운 것이기 때문에—속박된 교육의 엄격성은 필연적으로 엄격하지도 않다. 우리들의 낡은 종교 교육의 전설이 확고한 형식을 존중하고 있는 것은 그것이 인간의 본래 운명을 깨달아서 그릇된 길을 걷지 않도록 하려고 하기 때문이다.

교육애를 향도적 애정이라 말했는데 그것은 '사랑의 매'란 말로 설명이 될 수도 있을 것이다. '사랑의 매'는 실제로 존재할 수 없다고 하는 사람 가운데서도 교육이 사랑이란 점과, 지극한 사랑은 자유방임이 아니고 동시에 현실 충족적인 것만이 아니란 사실에는 동의하는 것이 아닌가? 그렇다면 그것은 무엇인가? 슈프랑거가 사랑은 속박 가운데도 존재한다고 했는데, 그렇다면 사랑은 자유를 위하여 자유를 제한한다는 말이 아닌가?

어기서도 노다시 강조하지 않으면 안 될 것은, 기분에 따라서 한 가지 양식으로부터 다른 양식으로 옮겨서는 안 된다는 것이다.

'천부적인 교사'는 부동의 스타일 감각을 가지고 있다. 사랑에 의해서 자유롭게 되면 그는 끊임 없이 속박을 생각해야 하고, 반대로 속박하면 서서히 자유롭게 해 주는 책임 있는 순간을 잊어서는 안 된다. 속박된 자유야말로 인간의 숙명인 것이다. 이 양면적인 진리의 한 쪽만을 아는 자는 인간을 잘못 이해하고 있는 것이요, 그러므로 교사로서는 적당치 못하다. 성내는 사랑, 타인을 슬퍼하는 사랑, 기대하는 사랑, 때로는 인연을 끊는 사랑조차도 있음을 이해 못하는 사람이 있다. 다만 이러한 사랑은 항상 도움이 되는 것이요, 결코 거부적인 것이 아니다. 그렇지 않다면 그것은 그 이름이 합당하지 못하다. 진정한 교육적인 태도를 특징짓는 것이 곤란하다면, 이 사랑을 공동생활 안에서 실증하는 일은 더욱 곤란한 일이다. 왜야 하면 이 사랑은 다른 사랑의 형식처럼, 쉽사리 솟아오르지도, 타오르지도 않기 때문이다. 이 사랑은 필연적으로 반성과 결합되어 있으며, 다른 어떤 사랑보다도 더 많은 고통으로 차 있는 것이다.

여기서 핵심이 되어 있는 교육애는 때때로 다른 사랑의 형식과 섞여서 나타난다고 하는 것이 이론적인 분석을 할 때 또 하나 곤란한 점이다. 그러기에 이 사랑은 먼저 그 자체를 반성할 필요가 있었던 것이다. 아이들에 대한 부모의 사랑에 있어서 무엇이 특히 교육적인가, 또는 어떤 조건하에서 정신적 에로스적인 태도가 진정한 교육적인 지향을 포함하게 되는가 하는 것을 밝혀내는 것이 이제 가능하리라고 믿는다. 마찬가지로 떠오르는 것은, 부랑아에 대한 '보호'는 곧 그 자체가 교육을 포함한다는 것이다. 소위 사회적인 보호의 정신과는 다른 정신도 또 부가하지 않으면 안 된다. 그 위에 종교심으로부터 생긴 혼의 보육까지도 특별히 혼을 교육하기 위해서는 특별한 방향을 취하지 않으면 안 된다. 대단히 깊고 참다운 사랑은 모두 궁극적으로는 종교에 근거한다고 하는 처음 주장이 역시 여전히 성립하는 것이다.

인간 생명의 중심이 사랑에 있다고 하는 인간의 확고한 정신적 이상상(理想像)을 '사회적'인 것으로 표현하는 것은 다른 면으로부터 부당하다고 하는 사실이 밝혀졌다. 이 '사회적인 것'은 너무나 일면적으로 단순한 상호 작용이나 공동체를 만드는 힘만을 뜻하고 있다. 분명히 교육애가 그 아종(亞種)으로서 포함되어 있는 개인적인 사랑은 적어도 형이상학적인 원천으로부터 나온 것이요, 이 형이상학적인 것은 이 현대 사회에 있어서는 대단히 미약한 형태로 나타남에 불과하다. '정신의 정열'은 '사회화하는 힘' 이상의 것이다.

이 견해는 나의 〈생명의 제 형식〉 가운데의 제4의 이상상이라 불리는 것에 대한 비판적인 수정인 것이다. 위대한 교육학자 케르쉔슈타이너는, 내가 명명한 대로 말한다면, 천부적인 교사를 '사회적인 인간'의 하나의 변종으로써 표현했거니와, 이 견해는 그의 책 『교육자의 혼』에도 관련이 있다. 그러나 결국은 페스탈로치도 함께 관련을 가지고 있다. 이 사랑이 그의 경우, 형이상학적인 깊이로부터 우러났음은 의심할 여지가 없다. 그러나 이 사실을 잊어서는 안 되거니와, 어린이가 교실 안에서 친절하게 취급되면 모두가 다 이미 그와 같은 중심적인 불꽃에 타고 있는 것으로 착각해서는 안 된다. 진정한 교육애는 대단히 고도의, 그러므로 드물게 나타나는 현상인 것이다. 틀림없이 천부적인 교사라면, 그와 같은 본질 내부에 기초하여 존재하며 활동하지 않으면 안 되는 것이다. 그러나 조금 아동애가 있는 사람들이라고 이 정신을 이미 다 가지고 있는 것처럼 우리가 말하는 것은 아니다. 오히려 여기서 말하는 것은 하나의 이상인 것이다. 우리가 만약 교육자로서 자인한다면, "나는 이 희망을 이미 이루었다는 것도 아니고 또 이미 완전한 사람이 되었다는 것도 아닙니다. 다만 나는 완전한 사람이 되려고 달음질 칠 뿐입니다." 라고 하는 성경의 구절에서 그 이상을 마음의 눈 앞에 그리고 있지 않으면 안 된다. 그러나 사람은 교육자로서만 태어나는 것이 아니며 이러한 정신을 요청하는 것에까지 자기를 서서히 수양하면서 변화시켜 훌륭하게 하지 않으면 안 된다.

이 때 다른 한 가지 오류에 빠져서는 안 된다고 최후로 경고해 둘 필요가 있다. 사랑만이 그것을 행하는 것이 아니라고 특히 강조하는 것은 다분히 또 필요 이상의 일이다. 어떤 사랑이든 대단히 여러 가지 의미에서 내용을 필요로 한다.

한 사람의 소년에 대한 따뜻한 흥미만 있다면 그를 '보다 좋게 만드는'데 충분하다고 생각 한다면, 닻은 있지만 배도 바람도 없는 것과 큰 차이가 없으리라. 그래 가지고는 아무런 운동도 없다. 우리가 모범이 되기 위해서는 무엇인가가 아니면 안 되고, 줄 수 있기 위해서는 무엇을 가지지 않으면 안 되며, 에너지를 생기게 하기 위해서는 자기가 에너지를 쓰지 않으면 안 된다. 이 사실이 구체적으로 무엇을 의미하는 가는 설명할 필요가 없다. 교육하는 능력의 양은 자기가 교육에 기울인 힘의 양에 비례한다고 앞서 나는 말했다. 진정한 교사는 내면적으로 생명이 충실해서, 말하자면 그것이 넘쳐 흘러서, 가까이의 논밭을 기름지게 하는 것이다. 그것도 다른 사람까지 휩쓸어 가는 상승의 힘인 것이다. 그러나 이것은 많은 빛을 방사(放射)해도 끝남이 없는 구체적인 것에 대한 비유적인 표현에 불과하다. 환경의 제약 하에서, 또 자기의 가능성에 응해서, 현재의 생명 가운데 부동의 것을 스스로가 만들어내는 자가 어찌하여 타인에게 구조의 손을 내밀 것인가? 그러나 다시 여기에 많은 사람이 주목하지 못하는 비밀이 있다. 즉 진정한 교사 가운데는 언제나 자기 자신에 대한 불만, 자기 본질의 윤리적 핵심에 있어서의 불만이 작용하고 있다. 즉, "아마도 그렇게 있을 수가 있었고, 그렇게 있지 않으면 안 되었던 것처럼, 너에게는 그것이 전부 다 성취되지는 아니했다. 이 앞길이 양양한 젊은이로 하여금 보다 잘 나아가도록 너는 그를 돕지 않으면 안 된다. 그것이 공허했던 너의 노력에 대한 보상인 것이다."라고 하는 기분인 것이다.

이리하여 모든 교육학도들은 누구나 순례하지 않으면 안 될 전당인 소크라테스와 플라톤의 교육정신에의 깊은 예지를 기초로 우리는 다시금 되돌아가지 않으면 안 된다. 이 정신은 주면서 자기의 내부가 풍부하게 된다. 그러나 "지금이야말로 그것이 성취되었다!"라고 할 수 있는 순간은 영원히 오지 않는 것이다. 그것은 언제나 진행 도중에 있고 희망과, 그래서—조용한 희망—을 동반하고 있는 것이다.

결 론

원시림 가운데에서 활(弓)을 조각하는 사람은 활을 만드는 일로부터 사람을 만드는 일로 최초의 조용한 방향 전환을 함으로써 우리에게 좋은 비유가 되었었다. 거기에 있어서 '정신의 정열'이 위대한 형성력임도 알았다. 이리하여 위대함에 이르는 우리의 출발의 신호도 마련되었다.

활의 조각사는 그의 부족 가운데서는 필요불가결한 자이고, 그의 특기에 합당하는 존경을 받지만, 그는 역시 문화적 작업의 입구에 있을 따름이다. 왜냐하면, 그 활을 자기가 쓰지 않는 한 그는 다만 도구를 제작하는 사람일 뿐이며, 도구를 장식하는 자일뿐이고 기껏해야 장식품을 만드는 자일뿐이다. 그가 그 활로써 짐승을 쏘지 않는 한 아주 작은 고기도 집으로 가져올 수 없고, 아무도 그의 과업 덕분으로 살았다고 생각하는 자도 없다. 그가 그의 활로써 적을 쏘지 않는 한 활로 적을 쏘는 일이 명예로운 것인지, 또는 어떤 조건하에서 그것이 명예로운 것인지, 윤리적인 갈등으로부터 그는 제외되어 있는 것이다.

이러한 활의 조각사는 도구 제작 분야에서 단순한 협력자일 뿐, 그 활로써 뒤에 무엇이 일어날 것인가 하는 것에 대해서는 책임이 없다. 그는 불가결의 존재이긴 하나, 그의 손재주는 선 악이 나누어지는 경계 이전에 위치하고 있다.

이러한 일은 현대의 활의 조각사에게도 같은 말을 할 수 있다. 이 활이 나타내고 있는 바는 평화에 대해서나 전쟁에 대해서도, 수단으로서 수없이 많은 유익한 제작들을 대표하고 있는 것이다.

그러나 인간의 혼에 영향을 주는 사람은 누구든지 처음부터 커다란 책임을 지고 있어서 직접적으로 신의 눈 앞에서 있는 것이다. 이와 같은 작용은 모든 인간적 교류의 조직을 관통하고 있다. 가장 눈에 뜨이지 않는 것으로부터 결정적인 운명의 원인이 되는 것에 이르기까지 이 작용은 높이 미치고 있다. 이 작용은 윤리적으로 무관심할 수 없다. 혼이 관계하는, 즉 사물과 수단이 관련해서 비로소 이 영향은 윤리적인 연결을 가지게 된다. 인간 형성이 그것에 의해서 행해지는 '소재'도, 또 그것이 설령 주변에만 있다 하더라도 이와 같은 정신적이 것으로 구성됨으로써 도덕적인 성격을 가지게 된다. 이와 같은 소재를 선택하는 일은 가치를 검사하는 양심의 일인 것이다.

창조적인 예술가는 그의 작품에 의해서, 그의 작품에 있어서 혼을 작용시키려고 한다. 그러나 그는 그것을 간접으로 밖에 행하지 못한다. 아마도 그가 불타오르도록 점화하려고 한 장소에는 그가 전혀 점화되지 않을지도 모른다. 그렇지만, 작품에 의하지 않고 교제(交際)에 의해서 성장하는 젊은 사람들에게 영향을 미친다고 생각하는 자는 이 세상의 가장 책임 있는 입장에 있을 것이다. 왜냐 하면, 언젠가는 그 국민의 문화를 부담함에 틀림없는 혼의 윤리적인 실체에 대해서 직접으로 작용하기 때문이다. 그 문화의 물질인 내용뿐만 아니라, 그 문하가 가치를 가지는가, 가지지 않는 가에 대한 공동의 책임까지도 지지 않으면 안 되리라. 그러므로 교육자는, 책임이란 무엇을 의미하는가를 알도록 성장하는 세대에게 가르치는 데 힘을 기울이는 것이다. 그는 조정하면서 다른 사람의 도덕적인 조정기에 영향을 미친다고 하는 독자적인 과업을 자기에게 과하는 것이다―우리는 그와 같이 처음에 말했던 것이다.

성장한 자는 누구나 자기 생활의 돛을 자기 스스로 잡지 않으면 안 된다. 스스로 돛을 잡는다 함은 자유로 돛을 잡는 것을 말한다. 그러나 그것은 또 인간에게 부과된 고도의 사명에 복종하는 일이기도 하다. 이 유순과 자유가 혼합된 신비적인 모습이 그 의미를 젊은 혼에게 일깨우기 전에, 인간 형성자인 자기 가슴 가운데 두고 있지 않으면 안 된다. 이 사실은 대단히 훌륭한 활을 만드는 일보다, 비유 없이 말한다면, 기술적인 훌륭한 작품을 만드는 것보다 훨씬 곤란한 것이다. 이것이 일반으로 생각되는 최고의 사명이다. 만약 이것이 교육 정신으로 충만된 정열에 의해서 성취되지 않을 때는 여기에 필요한 마성적(魔性的)인 힘과 확실성이 결하게 된다. 왜야 하면 높은 의미에서의 마성적인 것이 교육 정신에는 남아 있는 것이다. 그것이 돛의 방향에만 영향하는 것이 아니고, 돛을 잡는 힘이나 그 방향을 유지하는 힘까지도 그것에 의해서 강화되지 않으면 안 된다. 도덕적인 힘 가운데는 인간이 결코 자기의 길로부터 떨어져서는 안 되는 하나의 마성이 지배하고 있다. 메피스토펠레스의 기술은 외부적인 마성의 행위인 것이다. 선과 신성에의 분발은 마음을 근본으로부터 변화시키는 감동을 전제로 하고 있다. 위로 향하는 분발은 그에게 주러지지 않으면 안 된다.

천부적인 교사가 발휘하는 것은 이와 같은 종류의 마성뿐이나. 이와 같은 마성이 그의 능력 안에 있는 한 성장하는 개개인의 윤리적인 실체를 고상하게 하고, 튼튼하게 하는 데 그는 먼저 노력한다. 그리하여 그는 자기를 신뢰하고 있는 자들에게 다른 선물을 주는 것이다. 그러나 이 선물은 책임을 의식하고 있는 혼에 의해서 주어지고, 그 혼에 의해서 도덕적인 의미로 사용될 때만 가치 있는 것이 된다. 그것은 시대를 초월하여 규준(規準)이 되는 교육의 이상이다. 그 이상의 내용은 시대와 필요에 따라서 변화하는 것이다.

이런 정신으로 교육된 사람들은 도덕적인 의지의 공동체에 대해서도 교육되어 있는 것이다. 국민 교육은 개인 교육위에서만 이루어질 수가 있다. 건전한 국가는 건전한 국민의 질서에 의해서 활기를 가진다. 국가들이 올바른 형태로 도덕적 힘에 의해서 만들어져 있음을 자각할 것을 배웠을 때, 비로소 그들 국가들이 초국가적인 국민의 연합에 공헌할 수 있다. 왜냐 하면 국민은 국가를 통해서 비로소 전체로서 의지하고 행하는 것이 가능하기 때문이다.

그러나 여기 나타난 전망은 너무 멀리 나아갔는지도 모르겠다. 여기서 중요한 것은 다만 교육자의 문화적인 사명을 보다 깊이 이해하는 일이다. 그의 안에는 그 자신의 우연한 개성 이상의 것이 살아 있는 것이다.

그의 위에서 지배하고, 그를 통해서 작용하는 신비적인 것에 결합되어, 그의 주위에 형성되어 있는 문화의 진정한 가치 있는 내용에 의해서 정신이 확대되면서, 자기 주위의 젊은 혼들이 성장해 가는 것을 그가 도우려고 헌신하는 것이다. 풍부한 문화재 가운데서 그는 도야재를 선택하여 그것에 의해서 교화의 업무를 완성하지 않으면 안 된다. 그러나 그가 정말로 목표하는 것은 혼의 중심점 뿐이요, 그 중심점은 윤리적인 조정기를 의미하며, 보다 고차적인 자아를 형성시키는 출발의 중심점을 나타내는 것이다. 이러한 많은 빛을 비추는 구성물을 생생하게 의식하는 일은 그에게 주어진 아주 독특한 천분인 것이다. 수많은 체험과 환멸에 의해서 그의 힘은 서서히 성장해 나간다. 그의 개성을 일관해서 따라 오는 정신의 정열을 그는 훗날에 가서 비로소 알게 된다. 교육애를 그 진정한 의미에서 이해할 수 있는 것은 훨씬 뒷날에 가서이다. 그럼에도 불구하고 우리가 그를 천부적인 교사라 부르는 것은, 그가 이리하여 자기에게 알맞은 사명을 발견하고 있다고 인정하는 데 지나지 않는다. 왜냐 하면 단순히 자연적인 것을 서서히 흡수하고, 그것을 자기의 보다 고차적 의미로서 충만시키고, 교육사에게 과해진 의무를 곤란한 때에도 역시 수행해 내도록 힘을 주는 것이 이 정신이기 때문이다. 즉 말하자면, 그것은 보다 높은 자아를 해방하는 정신인 것이다.

슈프랑거에 대하여

독일의 전통적인 학문적 분위기 속에서 관념론 철학의 전통을 이어받고, 직접적으로는 딜타이의 분석철학으로 그의 학문을 절차탁마한 슈프랑거는 현대의 독일 정신세계에서는 제외할 수 없는 큰 지주(支柱)라고 하겠다. 그의 학문적 공헌은 간단히 설명될 수 없을 정도로 넓고 깊다. 비록 그의 사상이 독일의 전통사상에 기초하는 것이지만, 고루한 국수주의의 사슬에 묶인 것이 아니기에, 그의 영향은 독일에서 뿐만 아니라 전 세계적인 것이었다.

슈프랑거는 20세의 여러 학문 분야에 많은 영향을 끼쳤으나, 그 가운데서도 교육학에 위대한 그의 공적은 다른 어떤 분야보다 크다. 현대 교육사상의 큰 산맥 가운데의 하나가 문화 교육학인 점이며, 그가 문화 교육학의 본산이란 점에서도 명백하다.

슈프랑거에 의하면, 교육이란 "이미 획득 된 것 문화내용(文化內容)의 생명을 성장하고 있는 정신(청소년) 속에서 활발하게 활동시킴으로써 문화의 증식을 꾀하는 것을 말한다."고 하였나. 그러니까 교육은 정적(靜的)인 것이 아니고, 자체 내부에서 끊임없이 동적(動的)인 것이다. 문화는 얻는 것이기는 하지만 고정된 것이 아니고, 증식작용에 의하여 문화의 도태와 발전이 이루어지는 것이다. 그러니까 "진정한 교육이란 청소년을 경제라든가 과학, 예술, 종교 등 문화 제 요소가 밀접하게 관계를 가지면서 한 덩어리를 이루고 있는 문화 연관 속에 도야하여 넣고, 또한 개개의 문화 형성물의 가치를 청소년으로 하여금 획득시켜, 그러한 가치를 청소년의 마음속에 살리게 하는 것을 과제로 삼고 있는 것, 즉 문화교육학 이어야 한다."고 주장하는 것이다.

이리하여 슈프랑거는 교육의 제 1차적인 기능이 문화의 전수, 보존, 창조에 있으며, 그 문화의 연관을 떠나서 교육을 논할 수 없는 것이다. 문화는 역사적 맥락으로서 사회 과학과 체계적인 과학성과, 이상의 보편성을 기초로 하는 가치 과학을 그 요건으로 하고 있는 것이다.

그래서 슈프랑거의 교육학은 창조한 문화가 후 세대에 전수되어 가는 문화 전달에서 찾았던 것이다. 즉 개인은 역사적으로 구성된 문화를 획득함에 의하여 자기의 독자적인 인간성을 실현해 가는 것이니, 여기서 교육의 기본적 작용이 나타나는 것이다. 문화는 초개인적인 구조를 가지며, 그 가운데 탄생하는 개인의 성장을 지원하는 동시에 그 성장을 규정하게 된다. 이러한 의미에서 문화는 개인을 만들게 된다. 그러나 문화 안에 포함되어 있는 여러 가지의 가치는 개인에 의해서 수용되고, 그 사람의 창조적 정신을 자극하고 배양함으로써 비로소 정신적 존재로서의 개인의 성장이 기대될 수 있고, 문화도 문화로서의 참모습을 갖게 되는 것이다. 문화교육의 의미는 개인의 가치 의식을 환기함에 있는 것이다. 그래서 슈프랑거가 2차 대전 후 새로이 강조하는 각성의 교육 사상적 계기가 마련된 것이다.

우선 슈프랑거의 사고 양식에 있어서 주요한 특성은 소위 '정신의 주관'이라고 하는 것이다. 여기서 우리가 주목해야 할 것은 우선 무엇보다도 정상적인 면에 가치의 우위성을 두고 있다는 사실이다. 그러기에 문화 교육학의 출발점은 자연을 초대로 하는 정신적 생활인 것이다. 여기서 말하는 정신이란 인간을 주체로 하는 주관 정신과, 주관 정신의 발전으로서의 객관적 문화를 상정하게 된다. 슈프랑거에 있어서 문화는 자연을 소재로 하여 인간이 가치적 형성을 가함에 의하여 성립하는 것이다. 그러기에 문화 교육학의 출발점은 자연을 토대로 하는 정신적 생활인 것이다. 여기서 말하는 정신이란, 인간을 주체로 하는 주관 정신과, 주관 정신의 발전으로서의 객관적 문화를 상정하게 된다. 슈프랑거에 있어서 문화는 자연을 소재로 하여 인간이 가치적 형성을 가함에 의하여 성립하는 것이다. 그러기에 그의 교육론의 출발점은 이러한 가치적 형성을 주안으로 하고 있는 것이다. 그런데 이 문화는 문화재, 문화 협동체, 문화 이상, 문화 담당자의 네 가지 범주에 의해 파악되고 있다.

한편 주관적 정신, 즉 인간에 있어서 가장 현저한 특성은 생(生)의 본질구조에 찾아 볼 수 있으며, 그 인간의 생명적 본질구조는 여섯 가지의 정신작용으로서 대표할 수 있다고 한다. 이러한 것은 정신의 근본적 작용, 즉 경제적 작용, 인식적 작용, 미적 작용, 종교적 작용, 정치적 작용, 사회적 작용을 들 수 있다.

종교적 정신작용은 이 여섯 가지 정신작용 중에 하나이
지만, 그것은 최고 전체적인 가치의 관점 하에서 타의 모
든 부분적 가치 체험을 포함한다고 한다. 특히 그이 종교
사상의 특색은 '현세적 경건'이란 말에서 가장 잘 나타나
고 있거니와, 현재 생활의 단편은 모두 성(聖)스러운 무한
의 한 조각에 불과한 것인 즉, 그 배후에는 무한의 세계가
펼쳐 있다고 본다. 또 한편 모든 인간은 인간이 한 종교성
을 갖고 있으며, 그에 의해서 어떤 형태로든지 종교적 체
험을 행한다고 한다.

　이러한 그의 사상은 다분히 그의 유년시절 기독교적인
가정 분위기와, 2차 대전이라고 하는 엄청난 현세적 혼란
을 겪은 인간혼의 추구 형태에서 비롯한다고 볼 수 있다.

　이와 같은 기본적 견해에 의해서 그의 문화 교육학은 성
립되고 있으며, 이를 뒷받침하는 교육의 형식은, 첫째 문
화 과정으로서의 교육, 둘째 발달의 원조로서의 교육, 셋
째 종교적 각성으로서의 교육을 주장하고 있다.

　첫째 문화 과정으로서의 교육이란 문화의 창조와 문화
의 전수, 두 가정에서 성립한다. 문화의 창조란 주관으로
부터 객관으로의 방향이다. 그래서 문화는 형성적이요,
객관적 가치이다. 이것이 다시 이해 · 체험 · 감상될 때,

문화의 과정은 역으로 객관에서 주관으로 방향 전환을 하게 된다. 이러한 문화 과정이 의식적·의도적·계획적으로 행해질 때 교육 과정과 일치하게 된다. 학교 교육은 이러한 문화적 활동에 의하여 그 의미를 갖게 되는 것이다.

교육은 문화 전달의 과정에 그 구체적인 방법을 갖고 있지만, 문화의 전달 그 자체가 교육의 목적은 아니다. 문화의 과정이 교육적 과정이 됨으로써 개인의 성장은 촉진된다. 이런 관점에서 보면, 교육은 문화의 전달을 매개로 하는 발달의 원조인 것이다. 그러나 여기서 발달이란 단순한 자연적 발달도 아니요, 또 외부에 의한 일방적 형성만도 아니란 의미에서 각성적 원조라고 할 만한 것이다. 사실 그가 교사의 기능을 '지렛대'라고 비유하는 것이나 진정한 의미에서의 소크라테스의 '조산하다'와 관계한다고 주장하고 있는 것도 결국 이러한 이유인 것이다. 교육 과정의 특징은 문화로서 객관화 된 가치가 개인의 가치 체험으로 파악될 때, 객관에서 주관으로의 방향을 취하게 되지만, 이 과정이 개인의 내적인 깊이를 각성하도록 작용하기 위해서는 이미 생생하게 내부로부터 움트고 있는 성장의 가능성에 마주치지 않으면 안 된다. 이것은 이른바 만남의 원리라고 할 만하다. 각성적 원조는 자각할 수 있는 혼

을 예측하고 있다. 이것은 주관과 객관이 다 같이 마주쳐
야함을 뜻하는 것이다.

　최후의 단계에서 우리는 종교적 각성에 이른다. 인간성
에 있어서 가장 심오한 영역, 가장 인간적인 영역은 다름
아닌 우리 인간의 순순히 내면적인 절대 고독의 영역이
다. 슈프랑거에 의하면, 교육은 혼의 깊이에 까지 도달하
지 않으면 안 된다고 주장하는 한편 "혼의 가장 깊은 내면
에 직접 접촉할 수 있도록 할 만한 신비스러운 힘이란 존
재하지 않는다."고 한다. 여기에 대한 방법론이 바로 천부
적인 교사요, 천부적인 교사는 있는 것이 아니라, 있어야
할 것이란 논리가 성립된다. 인간 교육에서는 인간이 계
산해 낼 수 없는 보다 높은 이상이 있기 때문이요, 그 이
상은 이 현세와는 떨어져 있기 때문이다. 그러기에 슈프
랑거는 그의 '교육학적 전망' 가운데서 '교육의 근본양식'
을 '현세에 가까운 것'과 '고독하게 있는 것'이라고 하지 않
는가?

　그러나 종교라는 말로 문제를 다 해결 짓지 못하는 것이
현실이고 보면, 교육의 문제는 해결이 아니고 해결을 위한
접근이라고 볼 수 있으며, 슈프랑거는 그 접근에 있어서
거보(巨步)를 내디딘 것이라 하겠다.